CW01668406

Confitures à l'ancienne

Plus de 100 recettes gourmandes

Rustica éditions

© 2016, Éditions Rustica, Paris

Dépôt légal : juin 2016

ISBN : 978-2-8153-0831-1

N° d'édition : 46283 (R16044)

www.rustica.fr

TEXTE DE MINOUCHE PASTIER ET AGLAE BLIN
STYLISME ET PHOTOGRAPHIES DE SOIZIC CHOMEL DE VARAGNES ET NICOLAS LOBBESTAEL

Confitures à l'ancienne

Plus de 100 recettes gourmandes

Rustica éditions

SOMMAIRE

AUTOMNE 91

HIVER 127

AVANT-PROPOS

Les confitures, un souvenir d'enfance… Vous avez sûrement en mémoire l'époque où la bassine à confiture bouillonnait sur le fourneau, remplie de fruits aux belles couleurs et à l'odeur alléchante. Vous guettiez peut-être le moment où votre mère ou votre grand-mère allait procéder à l'écumage et attendiez avec impatience qu'arrive l'instant de tremper un doigt dans l'écume mousseuse et parfumée retirée de la bassine. Un petit plaisir inoubliable… Suivez les saisons pour le retrouver !

Quand les beaux jours arrivent, la nature sait se montrer généreuse. C'est le temps des cerises et des fraises, qui font rimer le printemps avec enchantement. Dès le mois d'avril, un parfum de douceur flotte dans l'air. Serait-ce l'odeur alléchante de la gariguette ou de la mara des bois ? Au fil des semaines, le ciel est de plus en plus clair, les nuits de plus en plus courtes. Mai est le mois des roses dont les pétales veloutés se transforment en délicate gelée. En juin, place à la rhubarbe, aux bigarreaux et aux griottes. Les fraises sont toujours là pour des mariages gourmands.
Subrepticement, l'été pointe son nez : les groseilles, les framboises et le cassis complètent la famille des fruits rouges. Rond comme un soleil, l'abricot est présent durant tout le mois de juillet. Suivent les pêches, le melon, les prunes, les premières poires, les figues et le raisin au cours du mois d'août.
Puis tombent les feuilles : c'est déjà l'automne avec les pommes, les poires, les coings et encore le raisin. Septembre, octobre, novembre font souffler le vent dans les branches. Enfin, l'hiver arrive : les marrons ne demandent qu'à être ramassés. Les fruits exotiques, des bananes aux agrumes, en passant par l'ananas et les kiwis, mettent de la gaieté sur les étals.
L'année se termine alors en beauté avec Noël en décembre. Les jours rallongent déjà : janvier, février, mars… Les frimas s'éloignent pour de bon, la ronde des saisons continue.

Faire des confitures est le meilleur moyen de suspendre le temps qui passe toujours trop vite. Pour les réussir, il est nécessaire de suivre quelques petites recommandations, que vous trouverez dans les pages de cet ouvrage. Le respect des saisons à toute son importance : vous n'obtiendrez rien de bon avec des fruits poussés en serre qui n'ont jamais vu le soleil. Inutile aussi de masquer la saveur avec des épices ou des aromates. Une bonne confiture n'a pas besoin d'artifices, seulement de fruits mûrs et de beaucoup d'amour.

INTRODUCTION

Secrets et conseils pour réussir vos confitures

CONFITURES, MARMELADES OU GELÉES ?

Les confitures

Les confitures sont réalisées à partir de fruits entiers ou en morceaux cuits dans un sirop de sucre. La cuisson se fait donc en deux temps : les fruits et le sucre commencent par dégager une forte évaporation. Dès que la vapeur a disparu, la cuisson se poursuit rapidement et demande à être surveillée comme du lait sur le feu, en remuant pour éviter que la confiture attache au fond de la bassine. Les impuretés remontent alors à la surface : c'est l'écume. Elle se retire en une seule fois en fin de cuisson à l'aide de l'écumoire ou d'une cuillère à soupe en métal. Si vous ajoutez une noix de beurre frais, l'écume disparaîtra comme par magie. Les pots peuvent être couverts à chaud ou à froid.

Les marmelades

Plus faciles à réaliser que les confitures, les marmelades se font le plus souvent avec des fruits trop gros pour rester entiers. Ils sont donc coupés en morceaux puis mis dans une terrine avec du sucre en couches alternées. Ils macèrent ainsi quelques heures afin de rendre leur jus. Le tout est ensuite versé dans une bassine et cuit à feu vif ou doux selon les fruits employés. Au terme de la cuisson, les fruits ne sont plus identifiables. Comme pour les confitures, l'écume se retire en fin de cuisson. Les marmelades maison peuvent se réaliser avec tous les fruits. Dans le commerce, une directive européenne restreint depuis 1981 la dénomination « marmelade » aux seules préparations à base d'agrumes. Les pots se couvrent plutôt à chaud.

Les gelées

Les gelées sont réservées uniquement à quelques variétés de fruits qui ont la particularité d'être suffisamment acides et de contenir assez de pectine (groseilles, coings, pommes, agrumes). Les autres fruits doivent être mélangés avec des pommes, des coings, des groseilles ou des gélifiants pour pouvoir prendre en gelée. Pour la réalisation, il suffit de faire éclater les groseilles à feu vif pendant quelques minutes ou de cuire coings, pommes ou oranges à l'eau puis de les égoutter en filtrant le jus à travers un tamis fin. Pesez le jus obtenu et faites-le bouillir avec son poids égal en sucre jusqu'à la prise en gelée. Mettez en pots et attendez le lendemain pour les couvrir.

LES INGRÉDIENTS

Les fruits

Pour ceux qui disposent d'un jardin ou verger, la cueillette fait partie intégrante de la fabrication des confitures. Procédez à la fraîche, tôt le matin ou en fin de journée, et quand le temps est sec. Lors de la cueillette, ne tirez pas sur le fruit. S'il résiste, c'est qu'il n'est pas suffisamment mûr. C'est le pédoncule qui doit se détacher de la branche et non le fruit se séparer de son pédoncule (sauf pour les fraises des bois et les framboises).

Attendez toujours la pleine maturation des fruits, sauf pour les tomates, qui se préparent vertes, et les petits fruits rouges, qui doivent être cueillis à peine mûrs. Si vous achetez vos fruits, sachez que des pédoncules bien verts, une pruine intacte, un aspect brillant et ferme, sont le gage de fruits sains. Généralement traités, les fruits doivent être lavés avant utilisation, sauf les framboises et les fraises des bois.

Le sucre

Le sucre est extrait des tiges de la canne dans les pays tropicaux depuis près de deux mille ans, et des racines de la betterave dans les climats tempérés depuis maintenant deux siècles. Sauf exception, seul le sucre blanc entre dans la composition des confitures. Il faut éviter le sucre roux, qui est chargé d'impuretés : il altère un peu le goût des confitures et favorise leur fermentation.

Le sucre blanc se présente sous différentes formes :

- en poudre ou semoule : c'est la forme la plus utilisée, car il se dissout ainsi très rapidement ;
- cristallisé : adapté à la fabrication des confitures, il est un peu plus gros et un peu moins cher que le sucre en poudre ;
- en morceaux : il sert à la cuisson du sirop de sucre ;
- le sucre pour confiture : il s'agit de sucre cristallisé ou en poudre additionné de substances gélifiantes qui permettent une prise rapide en confiture pour des fruits manquant de pectine et d'acidité. Pour obtenir une consistance idéale (les confitures à base de sucre gélifiant ont tendance à être collantes), il suffit d'utiliser un mélange composé à moitié de sucre cristallisé et à moitié de sucre pour confiture, et d'allonger le temps de cuisson de quelques minutes par rapport au temps indiqué sur le paquet.

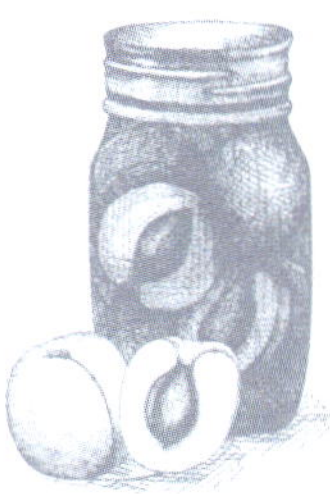

Votre confiture est cristallisée

Les fruits utilisés manquent probablement d'acidité. Faites-les recuire quelques instants avec un jus de citron ou une cuillère à café de vinaigre de cidre pour 500 g de fruits. Il est possible aussi que votre confiture soit trop cuite, donc trop sucrée. Versez alors un peu d'eau bouillante sur la surface, laissez le sucre fondre puis remuez.

La pectine

Pour qu'une confiture, une gelée ou une marmelade prenne, il faut que les fruits utilisés contiennent suffisamment de pectine. Cette substance gélifiante naturelle, constituée de sucres, est présente dans les pépins, la peau et la chair des fruits, surtout s'ils sont encore verts. Elle agit d'autant mieux si les fruits sont acides (groseilles, pommes, coings).

Vous pouvez utiliser du sucre pour confiture, du gélifiant pour confiture ou de la pectine en poudre. Mais, pour obtenir une préparation plus goûteuse, préférez l'ajout d'un jus de citron et de quelques pommes (ou des épluchures et des pépins de pommes ou de coings, enfermés dans un nouet de mousseline) en début de cuisson.

Pour vérifier la teneur en pectine, mélangez une cuillère à soupe de jus de fruit cuit et bouillant à une cuillère à soupe d'alcool à brûler. Un jus riche en pectine forme un bloc compact, un jus à teneur moyenne donne des petites boules, un jus à teneur faible forme des particules éparpillées. Jetez ensuite le mélange, car l'alcool à brûler n'est pas consommable.

Pour connaître l'acidité d'un fruit, mélangez une cuillère à café de jus de citron, trois cuillères à soupe d'eau et une demi-cuillère à café de sucre. Goûtez la citronnade obtenue : si elle vous semble moins acide que le jus des fruits utilisé pour faire de la confiture, c'est que ce dernier manque d'acidité. Pour y remédier, ajoutez une cuillère à soupe de jus de citron pour 750 g de fruits.

Votre confiture ne « prend » pas

Les fruits utilisés ne contiennent certainement pas assez de pectine. Laissez refroidir votre confiture puis faites recuire le lendemain en y ajoutant soit quelques pelures et pépins de pommes enfermés dans un nouet de mousseline, soit du jus de groseille (à raison de 250 g par kilo de fruits).

LES USTENSILES

La bassine

La bassine en cuivre rouge, non étamée, assure une cuisson régulière de vos confitures. Elle doit être nettoyée avant chaque utilisation avec du gros sel et du vinaigre. Mais veillez à ne jamais y laisser séjourner des fruits avant ou après cuisson.

La bassine émaillée est plus pratique quand les fruits doivent macérer dans du sucre quelques heures avant la cuisson.

Un faitout ou une casserole en acier inoxydable ou émaillé conviennent également.

La terrine

En terre vernissée, en inox ou verre, la terrine est indispensable pour laisser macérer fruits et sucre quelques heures.

Les pots

Les pots, en verre, en faïence ou en pyrex, resserviront d'une année sur l'autre. Ils existent dans différentes tailles. Vous pouvez aussi utiliser des pots de crème ou de moutarde en verre munis d'un couvercle à vis.

Le petit matériel

Il peut être utile de posséder :

- une écumoire, en aluminium, en inox ou en cuivre, qui permet d'écraser les fruits en début de cuisson, de les égoutter et d'écumer avant la mise en pots ;
- une cuillère en bois pour mélanger la confiture ;
- un dénoyauteur ;
- une petite louche pour le remplissage des pots ;
- un entonnoir, à poser sur le pot lors de remplissage ;
- un presse-fruits ;
- un économe et un petit couteau ;
- un thermomètre confiseur pour connaître le degré de cuisson du sirop de sucre. Il doit être immergé dans l'eau chaude avant d'entrer en contact avec le sirop bouillant.

- une balance de cuisine convient pour peser les fruits préparés ;
- un verre gradué, nécessaire pour mesurer le sirop pour les gelées, peut aussi remplacer la balance pour peser le sucre en poudre ou cristallisé.

Le tamis

Le tamis permet de filtrer le jus des fruits destiné à réaliser des gelées. Il peut être remplacé par un carré d'étamine, à nouer entre deux chaises ou aux quatre coins d'un tabouret renversé puis à laisser égoutter toute une nuit au-dessous d'une terrine.

Vous pouvez également utiliser un moulin à gelée, un sac en étamine de nylon resserré par une bague en bois ou un moulin à légumes muni d'une grille fine. Dans ce dernier cas, filtrez aussitôt le jus à travers une passoire doublée d'un linge humide.

La centrifugeuse permet de réaliser des gelées originales, les fruits n'ayant pas besoin de cuisson préalable, mais le jus obtenu sera moins transparent qu'avec la méthode traditionnelle.

La table de cuisson et le micro-ondes

Sachez que le gaz donne d'excellents résultats, car la chaleur peut ainsi être facilement réglée. La cuisson démarre à feu doux jusqu'à dissolution du sucre. Elle est ensuite poursuivie à feu très vif pour être conduite rapidement. La table de cuisson électrique est parfaite si la bassine (ou le faitout) possède un fond plat et épais.

La cuisson au micro-ondes est possible, mais le temps de cuisson est difficile à déterminer. Faites cuire pendant 10 minutes puis poursuivez la cuisson en surveillant toutes les 3 minutes. Laissez toujours reposer la confiture durant 5 minutes hors du micro-ondes avant de mettre en pots.

Votre confiture présente des petites bulles de gaz

C'est la manifestation d'une fermentation alcoolique, due probablement à un manque de cuisson. La confiture est alors, hélas, immangeable !

La cuisson

- Pour éviter tout débordement, ne remplissez qu'à moitié votre bassine à confiture ; une cuillère en bois laissée dans la confiture pendant la cuisson évitera également que la préparation ne déborde.
- Les temps de cuisson sont donnés à titre indicatif, ils dépendent de l'intensité de la source de chaleur, de la teneur en sucre et en eau des fruits ainsi que de leur maturité. La cuisson d'un sirop passe par plusieurs stades (petit et grand perlé, petit et grand boulé…) qu'il est utile de connaître. Il est précisé dans les recettes les signes indiquant que le point désiré est atteint.

LA MISE EN POT ET LA CONSERVATION

La préparation des pots

La mise en pots demande beaucoup de soin et une hygiène rigoureuse. Préparez le nombre de pots et le matériel pour le couvrir. Ébouillantez les pots puis retournez-les sur un torchon propre qui absorbera l'humidité durant la cuisson des confitures. Ne les essuyez pas, quelques pluches de coton pourraient s'y accrocher. À l'aide d'un entonnoir et d'une petite louche, remplissez les pots jusqu'au bord : en refroidissant, le volume de la confiture diminue. Si les fruits sont en morceaux, laissez reposer 10 minutes avant de la verser dans les pots. Enfin, essuyez les bords avec un linge humide puis couvrez les pots selon la méthode choisie.

La fermeture des pots

La fermeture peut se faire à chaud dès la cuisson terminée :

- **avec un couvercle à vis.** Remplissez les pots à ras bord puis vissez le couvercle sur le pot. Retournez-le aussitôt. La confiture très chaude va rapidement stériliser le pot ;
- **avec des carrés de Cellophane.** Humectez légèrement chaque carré à l'aide d'une éponge humide. Placez le côté sec sur le pot de confiture en tirant les bords pour le faire adhérer. Maintenez-le avec un élastique.

La fermeture se fait après complet refroidissement des pots, soit 12 à 24 heures après la cuisson :

- **avec de la paraffine.** Cassez le bloc de paraffine en morceaux. Faites-les fondre à feu très doux au bain-marie dans une casserole. Versez la paraffine chaude mais non bouillante sur la confiture refroidie en couche de 3 mm environ. En refroidissant, la paraffine se solidifie et forme un bouchon imperméable. Couvrez les pots d'une coiffe en Cellophane ou en tissu pour les protéger de la poussière. Au moment de la dégustation, basculez le disque de paraffine à l'aide d'un couteau ou en appuyant légèrement avec le doigt. Nettoyez et conservez ces disques de paraffine. Ils peuvent servir plusieurs fois en les faisant refondre pour d'autres confitures.
- **avec du papier :** découpez des ronds de papier sulfurisé, de Cellophane ou de papier cuisson du même diamètre que les pots. Trempez-les dans de l'eau-de-vie ou du rhum. Placez ensuite le côté alcool su la confiture pour assurer une meilleure conservation. Recouvrez d'un carré de Cellophane humecté d'un seul côté en plaçant le côté sec vers la confiture. Faites-le bien adhérer sur les bords et maintenez-le à l'aide d'un élastique.

Un an de conservation

Après avoir étiqueté les pots en notant la nature du fruit et la date de fabrication, alignez-les dans un endroit sombre, sec et frais. Si vous ne disposez pas d'une

cave, entreposez vos confitures dans le réfrigérateur ou dans un coin de la cuisine loin du four ou de la table de cuisson, au frais (entre 5 et 15 °C) et au sec. La conservation est beaucoup plus longue lorsque les confitures sont congelées. Pour les déguster, il suffit de les laisser décongeler lentement à température ambiante et de les consommer rapidement.

Votre confiture moisie en surface

Il est possible que vous l'ayez mise en pot trop froide, que la fermeture du pot ait été trop tardive ou encore qu'elle ait été entreposée dans un endroit trop chaud ou trop humide. En retirant la couche de moisissure, vous pouvez la consommer rapidement. Mais mieux vaut lui redonner un bouillon à feu vif.

JANVIER | FEVRIER | MARS | AVRIL | MAI | JUIN | JUILLET | AOUT | SEPTEMBRE | OCTOBRE | NOVEMBRE | DECEMBRE

bricot	Début juin à mi-août
nanas	Toute l'année
ngélique	Août et septembre
anane	Toute l'année
arotte	Toute l'année
assis	Juin et juillet
erise	Mai à juillet
hâtaigne	Septembre à novembre
itron	Toute l'année
lémentine	Novembre à mars
oing	Septembre à novembre
ourge de iam	Août à octobre
glantier	Octobre
pine-vinette	Août et septembre
igue	Juin à novembre
raise	Avril à septembre
ramboise	Juin à octobre
ruit de la assion	Toute l'année
renade	Juillet à décembre
roseille	Juin à août
roseille à naquereau	Juillet et août
aki	Septembre à mars
iwi	Toute l'année
umquat	Décembre à avril
itchi	Novembre à mars
langue	Toute l'année
lelon	Avril à octobre
lirabelle	Août
lûre	Juillet à septembre
lyrtille	Juillet à septembre
oix de coco	Octobre à février
range	Toute l'année
amplemousse	Toute l'année
apaye	Toute l'année
astèque	Août à octobre
atate douce	Toute l'année
êche	Juillet à septembre
oire	Août à mars
omme	Toute l'année
otiron	Août à février
rune	Juillet à septembre
aisin	Août à septembre
aisin italien	Toute l'année
hubarbe	Avril à août
ose	Juin à août
arriette	Juillet à septembre
ureau	Juillet et août
omate	Mai à septembre

PRINTEMPS

CONFITURE DE CERISES

Pauvres en pectine, les cerises sont ici associées aux groseilles pour obtenir une confiture rouge rubis suffisamment ferme, au bon goût de cerise. L'ajout d'un jus de groseille permet à la confiture de prendre rapidement, assurant ainsi une cuisson courte.

PRÉPARATION
étalée sur 2 jours

REPOS
12 h

CUISSON
20 min

POUR ENVIRON
7 pots de 350 g

INGRÉDIENTS
1 kg de cerises ('Montmorency', anglaises ou bigarreaux 'Napoléon')
500 g de groseilles
1,2 kg de sucre cristallisé

Conseil
Pour gagner du temps, passez directement les groseilles à la centrifugeuse afin d'en recueillir le jus.

Premier jour

/ Rincez, équeutez et dénoyautez les cerises. Mettez le sucre et 20 cl d'eau dans une bassine à confiture. Chauffez à feu doux. Dès que le sucre est fondu, ajoutez les cerises. Faites cuire à feu vif pendant 7 à 8 minutes.

/ Écumez en fin de cuisson, puis versez le contenu de la bassine dans une grande terrine. Laissez refroidir et réservez au frais jusqu'au lendemain.

Deuxième jour

/ Lavez et égrappez les groseilles. Faites-les éclater à feu doux dans très peu d'eau en les écrasant avec une écumoire. Filtrez le jus de groseille obtenu.

/ Versez le jus de groseille dans la bassine. Ajoutez le mélange cerises-sucre préparé la veille. Portez à ébullition à feu vif. Laissez cuire à gros bouillons pendant 3 minutes.

/ Retirez les cerises avec l'écumoire. Faites bouillir et réduire le sirop de cuisson à feu vif jusqu'à ce qu'il nappe l'écumoire d'une fine pellicule brillante.

/ Remettez les cerises dans la bassine. Terminez la cuisson pendant 3 ou 4 minutes. Écumez en fin de cuisson. Mélangez la confiture avant de la verser dans les pots afin d'éviter la formation d'une pellicule en surface. Couvrez aussitôt.

CONFITURE DE FRAISES

Avec cette recette réalisée sur quatre jours, la réussite est à la clé : la confiture cuit moins de 10 minutes au total. Les fraises gardent ainsi tout leur parfum et toute leur couleur sans toutefois remonter à la surface des pots, ce qui se passe lorsque les confitures sont insuffisamment cuites.

PRÉPARATION
étalée sur 4 jours

REPOS
12 h + 12 h + 12 h

CUISSON
10 min

POUR ENVIRON
8 pots de 350 g

INGRÉDIENTS
2 kg de fraises
1,8 kg de sucre cristallisé
1 citron

Premier jour

/ Rincez et équeutez les fraises. Si elles sont grosses, coupez-les en morceaux. Sinon, laissez-les entières. Mettez-les dans une terrine avec le sucre, en couches alternées. Terminez par une couche de sucre. Arrosez du jus du citron. Réservez au frais jusqu'au lendemain.

Deuxième jour

/ Versez le contenu de la terrine dans une bassine à confiture. Portez à ébullition à feu doux en mélangeant afin de faire fondre le sucre. Laissez cuire à feu vif pendant 4 minutes. Réservez dans la terrine. Laissez refroidir et placez au frais jusqu'au lendemain.

Troisième jour

/ Remettez la confiture à cuire dans la bassine en comptant 3 minutes à partir de l'ébullition. Réservez dans la terrine. Après refroidissement, placez au frais jusqu'au lendemain.

Quatrième jour

/ Remettez la confiture à cuire dans la bassine pendant 2 minutes à partir de l'ébullition. Vérifiez la cuisson : quelques gouttes de confiture versées sur une assiette doivent s'écouler lentement.

/ Écumez en fin de cuisson. Mélangez, puis versez la confiture dans les pots et couvrez aussitôt.

CONFITURE DE FRAISES des enfants

Particulièrement facile à étaler sur les tartines, cette confiture sans morceaux plaira à coup sûr aux enfants. Pour un gain de temps, vous pouvez aussi utiliser du sucre pour confiture : la cuisson se fera en quelques minutes et les fraises garderont leur belle teinte rubis.

PRÉPARATION
20 min

CUISSON
1 h

POUR ENVIRON
4 pots de 350 g

INGRÉDIENTS
11 kg de fraises
1 kg de sucre cristallisé

Conseil
Une fois le pot ouvert, conservez-le dans la porte du réfrigérateur et consommez la confiture dans les deux mois qui suivent l'ouverture.

/ Rincez et équeutez les fraises. Mettez-les dans une bassine à confiture avec 15 cl d'eau. Faites cuire à feu doux pendant 30 minutes, en remuant souvent et en écrasant les fraises avec une écumoire.

/ Ajoutez le sucre. Remuez sans cesse jusqu'à ce qu'il soit fondu. Prolongez la cuisson à feu vif pendant 30 à 40 minutes en mélangeant souvent. Vérifiez la cuisson : quelques gouttes de confiture versées sur une assiette froide doivent s'écouler lentement.

/ Mélangez la confiture, puis versez-la dans les pots et couvrez aussitôt.

MARMELADE AUX DEUX FRAISES

L'ajout de fraises des bois donne à cette confiture un délicieux parfum, à condition d'utiliser de bonnes fraises. Souvenez-vous que les plus belles ne sont pas forcément les meilleures. De petit calibre, fraises des bois et fraises du jardin ont souvent davantage de saveur que les gros fruits.

PRÉPARATION
20 min

CUISSON
45 min

POUR ENVIRON
4 pots de 350 g

INGRÉDIENTS
1 kg de fraises
250 g de fraises des bois
1 kg de sucre cristallisé
1/2 citron

Conseil
Il est inutile de trop prolonger la cuisson, car cette marmelade reste assez liquide.

/ Rincez et équeutez les fraises. Coupez les plus gros fruits en morceaux. Évitez de rincer les fraises des bois.

/ Réunissez fraises et fraises des bois dans une bassine à confiture avec le sucre et le jus du demi-citron. Faites cuire à feu doux pendant 15 minutes en remuant souvent avec une cuillère en bois.

/ Retirez ensuite les fraises et fraises des bois avec une écumoire et réservez-les dans une terrine.

/ Faites bouillir et réduire le jus de cuisson pendant 15 à 20 minutes. Remettez les fraises et fraises des bois dans la bassine à confiture. Poursuivez la cuisson à feu doux durant 10 minutes. Vérifiez la cuisson : une goutte de marmelade doit tomber lourdement de l'écumoire.

/ Écumez en fin de cuisson. Mélangez, puis versez la marmelade dans les pots et couvrez aussitôt.

CONFITURE AUX QUATRES FRUITS ROUGES

« Framboise » est une contraction de « fraise des bois ». À l'état sauvage, on la trouve dans les clairières, au bord des chemins et même dans les sous-bois lumineux.

PRÉPARATION
30 min

CUISSON
35 min

POUR ENVIRON
6 pots de 500 g

INGRÉDIENTS
500 g de fraises
500 g de cerises
350 g de groseilles
350 g de framboises
1,7 kg de sucre semoule

Variante
Vous pouvez ajouter au jus des groseilles et des framboises celui d'un citron ou d'une demi-orange.

/ Lavez les fruits. Équeutez les fraises et les cerises dénoyautées, et coupez-les en deux. Égrappez les groseilles. Éliminez les framboises abîmées.

/ Versez 850 g de sucre et 10 cl d'eau dans une bassine à confiture. Ajoutez les cerises et laissez-les cuire pendant 20 minutes, en remuant de temps en temps et en écumant en fin de cuisson.

/ Pendant ce temps, passez les groseilles et les framboises au moulin à légumes, puis filtrez la pulpe recueillie au travers d'une passoire garnie d'une étamine.

/ Ajoutez les fraises dans la bassine et poursuivez la cuisson pendant 10 minutes, en remuant de temps en temps et en écumant en fin de cuisson.

/ Pendant la cuisson des cerises et des fraises, versez le jus des groseilles et des framboises dans une casserole et ajoutez le reste du sucre (850 g). Portez à ébullition et laissez cuire pendant 5 minutes en écumant en fin de cuisson. Ajoutez ce sirop aux autres fruits et mélangez. Poursuivez la cuisson jusqu'à ce qu'une goutte de confiture posée sur une assiette froide ne s'étale pas.

/ Versez la confiture dans les pots, vissez les couvercles et retournez les récipients. Laissez refroidir avant de remettre les pots sur leur base.

CONFITURE DE RHUBARBE

La rhubarbe se récolte en juin, avant l'arrivée des grandes chaleurs. Ensuite, sa maturité s'accompagne d'une plus grande acidité. Si vous la récoltez vous-même, coupez les tiges en les cassant au plus près de la racine, mais sans en prélever plus de la moitié afin que la plante puisse se reformer par la suite.

PRÉPARATION
étalée sur 2 jours

MACÉRATION
12 h

CUISSON
25 min environ

POUR ENVIRON
7 pots de 350 g

INGRÉDIENTS
2 kg de tiges de rhubarbe
2 kg de sucre cristallisé

Conseil
La confiture est cuite dès que vous apercevez le fond de la bassine entre deux coups de cuillère en bois.

Premier jour

/ Rincez les tiges de rhubarbe en les brossant sous l'eau froide. Il n'est pas nécessaire de les éplucher. Coupez-les en petits tronçons.

/ Mettez les tronçons de rhubarbe dans une terrine avec le même poids de sucre, en couches alternées. Terminez par une couche de sucre. Laissez macérer pendant 12 heures.

Deuxième jour

/ La rhubarbe a rendu beaucoup de jus. Égouttez les morceaux. Versez le jus dans une bassine à confiture et portez à ébullition à feu doux. Faites ensuite bouillir le jus à feu vif pendant 2 minutes, puis ajoutez les tronçons de rhubarbe. Faites cuire à feu vif pendant 15 à 20 minutes sans cesser de remuer.

/ Écumez en fin de cuisson. Mélangez, puis versez la confiture dans les pots et couvrez aussitôt.

MARMELADE DE RHUBARBE *aux fraises*

Voici un heureux mariage entre deux fruits du printemps : la douceur des fraises équilibre l'acidité de la rhubarbe. Vous pouvez varier les proportions en mettant davantage de fraises. Dans tous les cas, comptez 800 g de sucre par kilo de fruits.

PRÉPARATION
étalée sur 2 jours

MACÉRATION
12 h

CUISSON
45 min environ

POUR ENVIRON
8 pots de 350 g

INGRÉDIENTS
1 kg de fraises
1 kg de tiges de rhubarbe
1,6 kg de sucre cristallisé
1/2 citron

Conseil

Pour éviter que les fruits ne soient trop cuits, retirez-les avec une écumoire et répartissez-les dans les pots. Poursuivez la cuisson du sirop jusqu'à la consistance souhaitée, puis versez-le dans les pots sur les fruits.

Premier jour

/ Rincez et équeutez les fraises. Mettez-les dans une terrine avec 800 g de sucre, en couches alternées. Terminez par une couche de sucre. Arrosez du jus du demi-citron.

/ Rincez les tiges de rhubarbe. Épluchez-les et coupez-les en petits tronçons. Mettez-les dans une autre terrine avec le reste du sucre en couches alternées. Terminez par une couche de sucre.

/ Laissez macérer fraises et rhubarbe pendant 12 heures.

Deuxième jour

/ Mettez la rhubarbe dans une bassine à confiture. Portez à ébullition à feu doux, puis faites cuire à feu vif pendant 10 minutes.

/ Ajoutez les fraises. Poursuivez la cuisson durant environ 30 minutes en mélangeant souvent.

/ Vérifiez la cuisson : quelques gouttes de confiture versées sur une assiette froide se figent presque immédiatement.

/ Écumez en fin de cuisson. Mélangez, puis versez la marmelade dans les pots et couvrez aussitôt.

CONFITURE DE ROSES

Si possible, utilisez des roses rouges de Provins, d'une couleur intense. Ces roses rapportées chez nous à l'époque des croisades par un comte de Brie, furent acclimatées aux environs de Paris, dans la région de Provins.

PRÉPARATION
30 min

MACÉRATION
24 h

CUISSON
20 min environ

POUR ENVIRON
3 pots de 375 g

INGRÉDIENTS
500 g de pétales de roses
1 kg environ de sucre semoule
1 citron

Conseil
Si vos roses ne semblent pas assez parfumées, ajoutez en fin de cuisson 10 cl d'eau de rose.

/ Effeuillez les roses. Rincez rapidement les pétales et plongez-les dans une casserole d'eau en ébullition. Retirez la casserole du feu, couvrez et laissez macérer pendant 24 heures.

/ Filtrez le liquide au travers d'une passoire garnie d'une étamine, au-dessus d'une jatte, en pressant les pétales avec le dos d'une cuillère en bois. Réservez les pétales.

/ Mesurez le liquide recueilli, versez-le dans une bassine à confiture et ajoutez du sucre dans la proportion de 1 kg pour 50 cl de liquide.

/ Portez à ébullition à feu vif en remuant puis, dès que le sucre est fondu, ajoutez les pétales de roses et laissez cuire à feu moyen pendant 10 à 15 minutes. Une goutte de sirop plongée dans un verre d'eau froide ne doit pas se dissoudre. Retirez les pétales de roses avec une écumoire et réservez-les. Poursuivez la cuisson du sirop jusqu'à ce qu'il soit épais et forme de grosses bulles.

/ Retirez la bassine du feu. Laissez tiédir le sirop avant d'ajouter les pétales de roses ainsi que le jus du citron. Mélangez bien.

/ Versez la confiture dans les pots, vissez les couvercles et retournez les récipients. Laissez refroidir avant de remettre les pots sur leur base.

GELÉE DE ROSE

Pour réaliser cette gelée au goût si délicat et si parfumé, il est impératif de choisir des roses de jardin non traitées. Savourez la gelée de rose sur des tranches de brioche tiède pour un petit déjeuner très raffiné.

PRÉPARATION
étalée sur 2 jours

MACÉRATION
12 h

CUISSON
50 min environ

POUR ENVIRON
3 pots de 350 g

INGRÉDIENTS
500 g de pétales de roses
750 g de sucre en morceaux
3 citrons non traités

Conseil

Pour protéger la gelée de la poussière jusqu'au refroidissement, couvrez simplement les pots d'une feuille de papier sulfurisé.

Premier jour

/ Coupez la base blanche des pétales avec des ciseaux, car cette partie donne de l'amertume.

/ Mettez les pétales dans une terrine. Arrosez-les avec 50 cl d'eau froide. Laissez-les macérer pendant 12 heures.

Deuxième jour

/ Dans une bassine à confiture, portez 10 cl d'eau à ébullition avec le sucre et un filet de citron. Laissez cuire jusqu'à ce que de grosses bulles éclatent à la surface du sirop.

/ Ajoutez alors les pétales avec l'eau de macération et le jus de 2 citrons. Laissez cuire pendant 30 à 40 minutes en remuant souvent.

/ Ajoutez le jus du troisième citron en fin de cuisson. Vérifiez la consistance de la gelée : quelques gouttes versées sur une assiette froide doivent figer presque immédiatement.

/ Mettez la gelée en pots. Laissez refroidir et attendez le lendemain pour couvrir les pots.

PULVÉRISÉ

ÉTÉ

ÉTÉ

CONFITURE D'ABRICOTS
aux amandes

C'est ma confiture préférée, onctueuse et parfumée à souhait. Pour la réussir, utilisez le même poids de sucre et de fruits. Toutefois, la quantité de sucre peut être légèrement diminuée, surtout si les fruits sont très mûrs.

PRÉPARATION
étalée sur 2 jours

REPOS
12 h

CUISSON
25 min environ

POUR ENVIRON
4 pots de 350 g

INGRÉDIENTS
1 kg d'abricots (dénoyautés)
1 kg de sucre cristallisé
15 amandes fraîches
1 citron

Conseil

Traditionnellement, on utilise les amandes contenues dans les noyaux d'abricots, mais les fruits sont aujourd'hui presque toujours traités. Il est donc déconseillé d'en consommer les amandes, ces dernières retenant une grande partie des pesticides.

Premier jour

/ Coupez les abricots dénoyautés en morceaux. Mettez-les dans une terrine avec le sucre et le jus du citron. Mélangez. Réservez au frais jusqu'au lendemain.

Deuxième jour

/ Décortiquez les amandes. Pelez-les et ébouillantez-les. Rafraîchissez, égouttez et coupez les amandes en deux.

/ Versez le contenu de la terrine dans une bassine à confiture. Portez à ébullition à feu doux. Faites ensuite cuire à feu vif pendant 15 à 20 minutes, en remuant à plusieurs reprises. Vérifiez la cuisson : quelques gouttes de confiture versées sur une assiette froide doivent figer presque immédiatement. Ajoutez les amandes en fin de cuisson.

/ Écumez en fin de cuisson. Mélangez, puis versez la confiture dans les pots. Fermez les pots aussitôt.

GELÉE D'ABRICOT

On a toujours besoin d'une gelée d'abricot, non seulement délicieuse sur des tartines mais aussi très pratique en guise de nappage, pour faire briller les gâteaux et les tartes. Pour cet usage, faites-la légèrement tiédir pour qu'elle retrouve toute sa fluidité.

PRÉPARATION
15 min

CUISSON
25 min environ

POUR ENVIRON
4 pots de 350g

INGRÉDIENTS
1 kg d'abricots bien mûrs
1 kg de sucre cristallisé
1 citron

Conseil
Il est important de remuer la gelée durant la totalité de la cuisson, car elle a tendance à attacher au fond de la casserole.

/ Rincez, dénoyautez et coupez les abricots en morceaux. Passez-les ensuite au moulin à légumes muni d'une grille fine. Pesez la purée obtenue.

/ Versez la purée d'abricots dans une bassine à confiture. Ajoutez le même poids de sucre et le jus du citron. Portez à ébullition à feu vif en remuant souvent.

/ Faites cuire pendant 20 minutes environ. Vérifiez la cuisson : une goutte de gelée versée sur une assiette froide doit figer aussitôt.

/ Écumez en fin de cuisson et procédez à la mise en pots. Laissez refroidir jusqu'au lendemain, puis fermez les pots.

ÉTÉ

MARMELADE D'ABRICOTS

Le mot abricot vient de l'arabe d'Espagne al-barquq qui veut dire « précoce », l'abricotier fleurissant très tôt au printemps. C'est l'arbre fruitier qui profite le plus de la chaleur de l'été, mais ses fleurs craignent les gelées tardives.

PRÉPARATION
étalée sur 2 jours

MACÉRATION
12 h

CUISSON
20 min

POUR ENVIRON
3 pots de 500 g

INGRÉDIENTS
1 kg d'abricots
800 g environ de sucre semoule

Premier jour

/ Lavez et essuyez les abricots. Fendez-les en deux et dénoyautez-les. Pesez les oreillons d'abricots.

/ Mettez les fruits dans une bassine à confiture et ajoutez du sucre dans la proportion de 800 g par kilo d'abricots dénoyautés. Couvrez la bassine d'un torchon et laissez macérer pendant 12 heures.

Deuxième jour

/ Portez le contenu de la bassine à ébullition et laissez cuire à feu vif pendant 20 minutes, en remuant de temps en temps. La marmelade est prête lorsqu'une goutte déposée sur une assiette froide ne s'étale pas. Écumez en fin de cuisson et laissez prendre quelques bouillons.

/ Versez la marmelade dans les pots, vissez les couvercles et retournez les récipients. Laissez refroidir avant de remettre les pots sur leur base.

GELÉE D'AIRELLE

Bien connues en Scandinavie d'où elles sont originaires, ces petites baies, très parfumées et colorées, ont un petit goût qui évoque la montagne et la nature sauvage. Cette gelée, délicieuse sur des tartines beurrées, accompagne aussi la sauce des gibiers.

PRÉPARATION
20 min

CUISSON
25 min environ

POUR ENVIRON
4 pots de 350 g

INGRÉDIENTS
1,5 kg d'airelles
1 kg de sucre cristallisé
1/2 citron

Conseil
Vous pouvez aussi panacher airelles et groseilles. Dans ce cas, faites cuire la gelée pendant seulement 5 minutes et n'ajoutez pas de jus de citron.

/ Rincez les airelles. Mettez-les dans une bassine à confiture avec 5 cl d'eau. Faites-les éclater à feu doux pendant 5 à 6 minutes en remuant sans cesse.

/ Passez les airelles au moulin à légumes muni d'une grille fine, puis filtrez aussitôt à travers une passoire garnie d'une étamine.

/ Pesez le jus obtenu, puis versez-le dans la bassine rincée et essuyée. Ajoutez le même poids de sucre et un filet de citron.

/ Portez à ébullition à feu doux en mélangeant afin que le sucre fonde. Faites ensuite cuire à feu vif pendant 10 à 15 minutes. Vérifiez la cuisson : une goutte de gelée versée sur une assiette froide doit figer aussitôt.

/ Versez la gelée dans les pots. Laissez refroidir jusqu'au lendemain, puis fermez les pots.

CONFITURE D'ANGÉLIQUE

L'angélique est l'herbe aux anges des jardins des anciens monastères. Elle fut introduite en France par les Vikings.

PRÉPARATION
étalée sur 3 jours

TREMPAGE
12 h

MACÉRATION
12 h

CUISSON
10 min environ

POUR ENVIRON
4 pots de 375 g

INGRÉDIENTS
1,5 kg de tiges d'angélique
1 kg environ de sucre semoule
1 citron

Variante
Vous pouvez parfumer cette confiture en ajoutant 10 cl de chartreuse en fin de cuisson.

Premier jour

/ Lavez les tiges d'angélique et coupez-les en tronçons de 5 cm. Faites-les blanchir à l'eau bouillante pendant 5 minutes afin de les assouplir, puis plongez-les dans de l'eau froide et laissez-les tremper 12 heures.

Deuxième jour

/ Égouttez les tiges d'angélique et pesez-les. Mettez-les dans une bassine à confiture et ajoutez du sucre dans la proportion de 800 g par kilo d'angélique égouttée. Versez le jus du citron, couvrez la bassine d'un torchon et laissez macérer pendant 12 heures.

Troisième jour

/ Versez 10 cl d'eau dans la bassine, portez à ébullition à feu vif, puis laissez cuire plus doucement pendant 10 minutes environ, en remuant de temps en temps et en écumant en fin de cuisson. La confiture est prête lorsqu'une goutte déposée sur une assiette froide ne s'étale pas.

/ Versez la confiture dans les pots, vissez les couvercles et retournez les récipients. Laissez refroidir avant de remettre les pots sur leur base.

CONFITURE DE CASSIS

L'emploi des feuilles de cassis est facultatif, mais apporte beaucoup de parfum à cette confiture de plein été, savoureuse à souhait sur des tranches de pain de campagne largement beurrées.

PRÉPARATION
étalée sur 2 jours

REPOS
12 h

CUISSON
55 min environ

POUR ENVIRON
4 pots de 350 g

INGRÉDIENTS
- 1 kg de cassis
- 1 poignée de feuilles de cassis
- 1 kg de sucre en morceaux

Conseil
En morceaux ou cristallisé, il est important que le sucre blanc utilisé soit parfaitement pur. Évitez le sucre roux.

Premier jour

/ Rincez les fruits, puis égrappez-les à l'aide d'une fourchette.

/ Dans une bassine à confiture, portez à ébullition 20 cl d'eau et le sucre. Faites cuire au petit boulé jusqu'à ce que le sirop atteigne une température comprise entre 109 et 116 °C. Pour vérifier cette cuisson, versez une petite cuillerée de sirop dans un bol d'eau glacée : vous devez alors sentir une boule malléable entre les doigts.

/ Ajoutez les cassis et les feuilles dans le sirop. Faites cuire à feu vif pendant 2 minutes. Versez le tout dans une terrine. Réservez au frais jusqu'au lendemain.

Deuxième jour

/ Retirez les feuilles de cassis. Filtrez le sirop, puis versez-le dans la bassine propre. Faites-le bouillir et réduire pendant 10 minutes. Ajoutez ensuite les fruits et poursuivez la cuisson 20 à 30 minutes. Vérifiez la cuisson : quelques gouttes de confiture versées sur une assiette froide doivent figer presque immédiatement.

/ Écumez en fin de cuisson. Mélangez, puis versez la confiture dans les pots. Fermez-les aussitôt.

GELÉE DE CASSIS

La gelée de cassis est l'une des gelées les plus savoureuses et elle se prête à de nombreuses utilisations. Délicieuse sur les tartines du goûter, elle ajoute aussi un parfum subtil à bien des desserts.

PRÉPARATION
30 min

CUISSON
30 à 40 min

POUR ENVIRON
4 pots de 500 g

INGRÉDIENTS
1,5 kg de cassis
1 kg environ de sucre semoule

Variante

Vous pouvez ajouter à cette gelée 125 g de groseilles blanches pour 500 g de cassis, sans dépasser cette proportion, sinon la gelée se troublerait.

/ Lavez les cassis sous l'eau courante, puis égrappez-les à l'aide d'une fourchette.

/ Mettez les grains de cassis dans une casserole et ajoutez 25 cl d'eau. Portez à ébullition à feu vif et laissez cuire jusqu'à ce que les baies commencent à éclater.

/ Posez une passoire garnie d'une étamine au-dessus d'un saladier. Laissez s'écouler tout le jus sans presser afin qu'il reste clair. Pesez ce jus.

/ Versez le même poids de sucre dans une bassine à confiture avec 25 cl d'eau. Chauffez doucement, en remuant avec une cuillère en bois pour faciliter la dissolution du sucre, puis laissez cuire le sirop jusqu'au petit perlé. Ce degré de cuisson est atteint lorsque le sirop se couvre de bulles rondes.

/ Ajoutez le jus des cassis. Écumez dès l'ébullition et laissez cuire jusqu'à ce que la gelée nappe la cuillère, en remuant de temps en temps et en écumant de nouveau en fin de cuisson.

/ Versez la gelée dans les pots, vissez les couvercles et retournez les récipients. Laissez refroidir avant de remettre les pots sur leur base.

GELÉE DE CASSIS à froid

C'est la plus aromatique des gelées de cassis, car le fruit, grâce à ce procédé, garde tout son parfum. La seule précaution à prendre est de conditionner la gelée en petits pots et d'éviter de la conserver au-delà de 6 mois.

PRÉPARATION
30 min

POUR ENVIRON
5 pots de 250 g

INGRÉDIENTS
500 g de cassis
1 kg de sucre glace

Conseil
Ne choisissez pas des cassis trop mûrs pour cette recette, car les fruits à complète maturité contiennent moins de pectine, indispensable à une bonne prise de la gelée.

/ Lavez les cassis sans les égrener. Mettez-les dans un saladier et écrasez-les avec un pilon en bois.

/ Mettez les cassis écrasés dans un torchon fin et pressez pour en extraire tout le jus. Filtrez ce jus, puis pesez-le.

/ Versez le jus de cassis dans le saladier et ajoutez le sucre par petites quantités, en attendant chaque fois qu'il soit bien incorporé, comme si vous montiez une mayonnaise. Il faut compter environ 15 minutes. La préparation doit prendre une certaine consistance.

/ Versez la gelée dans les pots, couvrez-les d'une gaze et placez-les au soleil dès que le temps le permet, pendant toute une journée. Placez-les le reste du temps dans un endroit aéré.

/ Le lendemain, remettez les pots de gelée dans un courant d'air toute la journée, en veillant à ne pas les agiter. Vissez ensuite les couvercles et gardez les pots dans un endroit frais.

ÉTÉ

GELÉE DE CASSIS
et groseille à maquereau

La gelée de cassis présente la particularité d'être très ferme. Pour cette raison, les grappes de cassis sont panachées avec des groseilles à maquereau qui permettent en outre une cuisson très rapide.

PRÉPARATION
20 min

CUISSON
10 min environ

POUR ENVIRON
5 pots de 350 g

INGRÉDIENTS
500 g de cassis
1 kg de groseilles à maquereau
750 g à 1 kg de sucre cristallisé

Conseil
Pour gagner du temps, vous pouvez passer directement les cassis et les groseilles à maquereau à la centrifugeuse.

/ Rincez les cassis en grappes et les groseilles à maquereau. Mettez-les dans une bassine à confiture avec 5 cl d'eau. Faites éclater les fruits à feu doux en les pressant avec l'écumoire. Filtrez le jus obtenu à travers un linge ou un tamis fin.

/ Pesez le jus. Comptez le même poids en sucre. Réunissez sucre et jus dans la bassine à confiture. Portez à ébullition sur feu doux jusqu'à ce que le sucre soit fondu.

/ Faites ensuite cuire le mélange à feu vif pendant 3 minutes. Vérifiez la prise en gelée : quelques gouttes versées sur une assiette froide doivent figer presque immédiatement. Au besoin, prolongez la cuisson de 2 à 3 minutes.

/ Écumez en fin de cuisson et mettez la gelée en pots. Laissez refroidir. Attendez le lendemain pour fermer les pots.

CONFITURE DE FIGUES

Les figues contiennent peu de pectine ; il faut donc utiliser un jus de citron pour obtenir l'acidité nécessaire à la prise en gelée. Pour renforcer le parfum de cette confiture, vous pouvez ajouter en début de cuisson quelques feuilles de figuier roulées comme un cigare et ficelées tel un bouquet garni.

PRÉPARATION
20 min

CUISSON
1 h 20 min environ

POUR ENVIRON
5 pots de 350 g

INGRÉDIENTS
1 kg de figues violettes
1 kg de sucre en morceaux
2 citrons non traités

/ Rincez et essuyez les figues. Coupez-les en quartiers. Râpez finement le zeste des citrons.

/ Dans une bassine à confiture, portez 20 cl d'eau à ébullition avec le sucre. Faites cuire au petit boulé jusqu'à ce que le sirop atteigne une température comprise entre 109 et 116 °C. Si vous n'avez pas de thermomètre confiseur, versez une petite cuillerée de sirop dans un bol d'eau glacée : vous devez sentir une boule malléable entre les doigts.

/ Ajoutez dans la bassine les figues, les zestes et le jus des citrons. Mélangez. Laissez cuire à feu doux pendant 1 heure environ. Vérifiez la cuisson : quelques gouttes de confiture versées sur une assiette froide doivent s'écouler lentement.

/ Écumez en fin de cuisson. Mélangez, puis versez la confiture dans les pots. Laissez complètement refroidir, puis couvrez les pots de préférence avec de la paraffine. Conservez cette confiture bien au sec, car elle a tendance à fermenter.

CONFITURE DE FIGUES VERTES *à la vanille*

La figue est un excellent fruit à confiture, qui se marie bien avec la vanille. Choisissez pour cette recette des figues juteuses à la peau fine.

PRÉPARATION
25 min

CUISSON
55 min environ

POUR ENVIRON
6 pots de 375 g

INGRÉDIENTS
1,5 kg de figues vertes
1 kg de sucre semoule
1 cuil. à soupe de vanille en poudre
1 citron

Conseil
Si la peau des figues vous semble épaisse, retirez l'épiderme vert mais gardez la partie blanche afin que les fruits restent entiers pendant la cuisson.

/ Lavez les figues, puis essuyez-les délicatement dans un torchon. Coupez l'extrémité de leur pédoncule.

/ Versez le sucre et 25 cl d'eau dans une bassine à confiture. Portez à ébullition en remuant afin de faciliter la dissolution du sucre, puis laissez cuire le sirop jusqu'à la consistance du grand perlé. Ce point de cuisson est atteint lorsque, en soufflant au travers d'une écumoire préalablement plongée dans le sirop, on voit apparaître des bulles.

/ Mélangez la vanille et le jus du citron au sirop, puis déposez les figues dedans. Laissez cuire pendant 45 minutes environ, en remuant doucement de temps en temps et en écumant en fin de cuisson. La confiture est prête lorsque les figues sont translucides et qu'une goutte de sirop déposée sur une assiette froide ne s'étale pas.

/ Répartissez les figues dans les pots, puis remplissez de sirop. Vissez les couvercles et retournez les récipients. Laissez refroidir avant de remettre les pots sur leur base.

CONFITURE DE FRAMBOISES

Essayez cette recette avec des framboises de jardin bien mûres ou avec des petites framboises sauvages cueillies en montagne. La rapidité d'exécution et la qualité de la confiture obtenue séduiront tous les gourmands.

PRÉPARATION
15 min

CUISSON
10 min environ

POUR ENVIRON
4 pots de 350 g

INGRÉDIENTS
1 kg de framboises
1 kg de sucre cristallisé
1/2 citron

Conseil
Si l'écume est trop importante, ajoutez en fin de cuisson une noisette de beurre frais et remuez : l'écume disparaîtra comme par magie !

/ Mettez les framboises dans une grande terrine. Broyez-les rapidement à l'aide d'un mixeur plongeant.

/ Versez la purée de framboises obtenue dans une bassine à confiture. Portez à ébullition. Ajoutez alors le sucre cristallisé et le jus du demi-citron. Faites cuire à feu vif pendant 6 à 7 minutes, en remuant à plusieurs reprises. Vérifiez la cuisson : quelques gouttes de confiture versées sur une assiette froide doivent s'écouler lentement.

/ Écumez en fin de cuisson. Mélangez, puis versez la confiture dans les pots et couvrez aussitôt.

GELÉE DE FRAMBOISE

Mettez l'été en pots avec cette gelée très parfumée ! Pour qu'elle soit claire, évitez de presser les framboises et laissez lentement s'écouler le sirop. Pour une couleur plus soutenue, pressez légèrement les fruits avec le dos d'une cuillère.

PRÉPARATION
15 min

CUISSON
30 min environ

POUR ENVIRON
3 pots de 350 g

INGRÉDIENTS
1 kg de framboises
1 kg de sucre en morceaux
1/2 citron

Conseil
Triez les framboises pour éliminer les fruits abîmés, mais évitez de les rincer afin de préserver leur parfum.

/ Versez 25 cl d'eau dans une bassine à confiture. Ajoutez le sucre et un filet de citron. Portez à ébullition. Faites cuire au petit boulé jusqu'à ce que le sirop atteigne une température comprise entre 109 et 116 °C. Si vous n'avez pas de thermomètre confiseur, versez une petite cuillerée de sirop dans un bol d'eau froide : vous devez sentir une boule malléable entre les doigts.

/ Ajoutez dans la bassine les framboises non rincées. Faites cuire à feu vif pendant 12 à 15 minutes, en écrasant régulièrement les fruits avec une écumoire. Vérifiez la cuisson : quelques gouttes de gelée versées sur une assiette froide doivent figer presque immédiatement.

/ À l'aide d'une louche, filtrez à travers une passoire fine (ou un tamis) posée au-dessus d'une terrine ébouillantée et essuyée. Versez la gelée dans les pots et laissez refroidir. Attendez le lendemain pour fermer les pots.

GELÉE DE FRAMBOISE
aux zestes de citron

Les framboisiers existent à l'état sauvage depuis les temps les plus reculés. Les premières framboises cultivées chez nous furent rapportées de Turquie par les croisés. Elles furent trouvées aux alentours du mont Ida.

PRÉPARATION
30 min

CUISSON
15 à 20 min

POUR ENVIRON
6 pots de 350 g

INGRÉDIENTS
2 citrons à peau fine non traités
1 kg de framboises
500 g environ de sucre semoule

Conseil
Si votre robot n'est pas équipé d'une centrifugeuse, passez vos framboises au moulin à légumes en utilisant la grille la plus fine.

/ Lavez et essuyez les citrons. Prélevez le zeste en fines lanières au couteau économe, en veillant à conserver la peau blanche. Pressez les fruits.

/ Faites blanchir les zestes à l'eau bouillante pendant 5 minutes, puis égouttez-les soigneusement.

/ Passez les framboises à la centrifugeuse. Filtrez la pulpe obtenue au travers d'une passoire garnie d'une étamine. Pesez le jus de framboise.

/ Versez le jus dans une bassine à confiture et ajoutez le sucre dans la proportion de 375 g par litre de jus. Ajoutez les zestes et le jus des citrons.

/ Portez à ébullition à feu vif, puis laissez cuire pendant 15 à 20 minutes, en remuant plusieurs fois et en écumant en fin de cuisson. La gelée est prête lorsqu'une goutte déposée sur une assiette froide ne s'étale pas.

/ Versez la gelée dans les pots, vissez les couvercles et retournez les récipients. Laissez refroidir avant de remettre les pots sur leur base.

GELÉE DE GROSEILLE

vite prête

Cette excellente gelée n'admet pas de cuisson intermédiaire : si vous dépassez les 3 minutes, il vous faudra poursuivre la cuisson pendant 30 minutes. C'est là l'un des nombreux secrets de l'alchimie culinaire.

PRÉPARATION
20 min

CUISSON
10 min + 3 min
(ou 30 min !)

POUR ENVIRON
4 pots de 350 g

INGRÉDIENTS
1 kg de groseilles rouges
1 kg de groseilles blanches
1 kg environ de sucre cristallisé

Conseil

Vous pouvez aussi laisser égoutter les groseilles sur un tamis non métallique pendant toute une nuit, après les avoir fait éclater. Il est alors inutile de filtrer et le résultat est identique.

/ Rincez les groseilles. Sans les égrapper, mettez-les dans une bassine à confiture avec 5 cl d'eau. Faites-les éclater à feu doux pendant 8 à 10 minutes, en les écrasant avec une écumoire.

/ Passez les groseilles au moulin à légumes muni d'une grille fine. Filtrez le jus obtenu au travers d'une passoire doublée d'un linge humide. Pesez le jus de groseille et comptez le même poids en sucre.

/ Reversez le jus de groseille dans la bassine rincée et essuyée. Ajoutez le sucre. Portez à ébullition à feu doux en remuant fréquemment.

/ Dès l'ébullition, comptez très exactement 3 minutes de cuisson. Si ce temps est dépassé, poursuivez la cuisson 30 minutes. Vérifiez la prise en gelée : quelques gouttes versées sur une assiette froide doivent figer immédiatement.

/ Écumez en fin de cuisson et mettez en pots. Attendez le lendemain pour fermer les pots.

ÉTÉ

GELÉE DE GROSEILLE

sans cuisson

Même les enfants peuvent réaliser cette gelée qui ne demande aucune cuisson. Bien sûr, il faut être patient puisqu'il faut exposer les pots au soleil au moins 48 heures avant de pouvoir déguster ce nectar écarlate.

PRÉPARATION
étalée sur plusieurs jours

REPOS
48 h + 2 à 3 jours

POUR ENVIRON
5 pots de 250 g

INGRÉDIENTS
1,5 kg de groseilles rouges
1 kg environ de sucre glace

Conseil
Cette gelée de groseille peut se conserver plusieurs mois, à condition d'être entreposée dans un endroit bien sec et aéré.

Premier jour

/ Rincez les groseilles. Sans les égrapper, passez-les à la centrifugeuse. À défaut, vous pouvez aussi les broyer rapidement à l'aide d'un robot ménager, puis les passer au moulin à légumes, grille fine. Filtrez le jus obtenu et pesez-le. Comptez le même poids en sucre glace.

/ Versez le jus de groseille dans une terrine. Ajoutez progressivement le sucre glace en tournant sans cesse. Quand tout le sucre est ajouté, continuez à remuer pendant 8 à 10 minutes afin d'assurer une parfaite dissolution du sucre.

/ Répartissez cette préparation liquide dans des pots. Placez-les, non couverts, dans un endroit sec et aéré pendant 48 heures. La gelée est à peine prise, encore tremblotante.

Deuxième jour

/ Fermez les pots et exposez-les au soleil pendant 2 ou 3 jours encore.

ÉTÉ

GELÉE DE GROSEILLE
framboisée

L'association des groseilles et des framboises donne une gelée d'une grande finesse. Pour une saveur encore plus subtile, panachez groseilles rouges et groseilles blanches : dans ce cas, utilisez 1 kilo de groseilles rouges et 500 g de groseilles blanches.

PRÉPARATION
15 min

CUISSON
40 min environ

POUR ENVIRON
4 pots de 350 g

INGRÉDIENTS
1,5 kg de groseilles
500 g de framboises
2 kg de sucre cristallisé

Conseil
Pour vérifier la prise en gelée, entreposez une petite assiette au congélateur pendant quelques minutes afin qu'elle soit très froide.

/ Rincez et égouttez les groseilles. Il est inutile de les égrapper. Évitez de rincer les framboises afin de préserver leur parfum.

/ Dans une bassine à confiture, portez 40 cl d'eau à ébullition avec le sucre. Faites cuire jusqu'à ce que de grosses bulles éclatent à la surface du sirop.

/ Ajoutez les framboises et les groseilles. Laissez cuire à feu vif pendant 25 à 30 minutes, sans mélanger avec l'écumoire. Vérifiez la prise en gelée : quelques gouttes versées sur une assiette froide doivent figer immédiatement.

/ Écumez en fin de cuisson. À l'aide d'une louche, filtrez à travers une passoire fine (ou un tamis) posée au-dessus d'une terrine.

/ Répartissez la gelée chaude dans les pots. Attendez le lendemain pour couvrir les pots.

ÉTÉ

GELÉE DE GROSEILLE
aux zestes de citron

Pour garder sa limpidité, cette gelée doit être préparée avec des groseilles blanches exclusivement.

PRÉPARATION
30 min

CUISSON
20 min environ

POUR ENVIRON
4 pots de 350 g

INGRÉDIENTS
1,5 kg de groseilles blanches
1 citron non traité
1 kg environ de sucre semoule

Conseil
Il est recommandé de blanchir les lanières de zeste de citron à l'eau bouillante pendant 5 minutes, avant de les ajouter à la gelée.

/ Rincez et égrappez les groseilles. Mettez-les dans une casserole, versez 10 cl d'eau et portez à ébullition. Laissez bouillir jusqu'à ce que les fruits éclatent, ce qui demande environ 5 minutes.

/ Filtrez la pulpe de groseille obtenue au travers d'une passoire garnie d'une étamine, au-dessus d'un saladier. Laissez le jus s'écouler doucement sans presser. Mesurez ce jus et versez-le dans une bassine à confiture.

/ Prélevez le zeste du citron en fines lanières au couteau économe, puis pressez le fruit. Ajoutez le jus et le zeste de citron dans la bassine et portez à ébullition. Versez ensuite 800 g de sucre par litre de jus de groseille obtenu. Tournez de temps en temps avec une cuillère en bois pour faciliter la dissolution du sucre.

/ Dès la reprise de l'ébullition, laissez cuire à feu vif pendant 10 minutes environ, puis écumez en fin de cuisson. La gelée est prête lorsqu'une goutte déposée sur une assiette froide ne s'étale pas.

/ Versez la gelée dans les pots, vissez les couvercles et retournez les récipients. Laissez refroidir avant de remettre les pots sur leur base.

GELÉE DE GROSEILLE à maquereau

Le groseillier à maquereau est un arbuste épineux. Contrairement à ceux des autres groseilliers, ses fruits ne se présentent pas en grappes. Cueillez-les toujours par temps sec, car les baies mouillées fermentent ou moisissent rapidement.

PRÉPARATION
25 min

CUISSON
20 min environ

POUR ENVIRON
5 pots de 350 g

INGRÉDIENTS
1 kg de groseilles à maquereau pas trop mûres
200 g de framboises
800 g environ de sucre semoule

Conseil
Pour aller plus vite il est possible de presser les fruits avec le dos d'une cuillère en bois pour récupérer le jus.

/ Lavez et équeutez les groseilles. Nettoyez les framboises et éliminez celles qui sont abîmées. Mettez les groseilles et les framboises dans une bassine à confiture, puis versez 30 cl d'eau. Portez à ébullition et laissez cuire jusqu'à ce que les fruits éclatent.

/ Filtrez le jus au travers d'une passoire garnie d'une étamine, en le laissant égoutter sans presser afin qu'il reste clair.

/ Mesurez le jus obtenu. Versez-le dans la bassine à confiture et portez à ébullition. Ajoutez du sucre dans la proportion de 750 g par litre de jus. Mélangez et laissez cuire à feu vif pendant 15 minutes, en remuant de temps en temps et en écumant en fin de cuisson. Une goutte de gelée déposée sur une assiette froide ne doit pas s'étaler.

/ Versez la gelée dans les pots, vissez les couvercles et retournez les récipients. Laissez refroidir avant de remettre les pots sur leur base.

GELÉE DE GROSEILLE BLANCHE

aux zestes de citron

Pour cette recette, les fruits doivent être parvenus à pleine maturité : goûtez une baie avant de cueillir les grappes afin de vous assurer que les groseilles sont parfaitement mûres.

PRÉPARATION
30 min

CUISSON
15 min

POUR ENVIRON
4 pots de 350 g

INGRÉDIENTS
3 citrons non traités
1,5 kg de groseilles blanches
1 kg environ de sucre semoule

Conseil
Agitez les pots de temps en temps pendant le refroidissement afin de bien répartir les zestes.

/ Prélevez le zeste des citrons en fines lanières avec un couteau économe, en veillant à ne pas entamer la partie blanche de l'écorce. Plongez les zestes dans une casserole d'eau bouillante et laissez-les bouillir 5 minutes. Égouttez-les sur un torchon.

/ Rincez les groseilles et égrappez-les. Mettez-les dans une casserole avec 10 cl d'eau. Portez à ébullition et laissez bouillir à feu doux jusqu'à ce que les grains éclatent.

/ Filtrez la pulpe de groseille au travers d'une passoire garnie d'une étamine, en pressant légèrement avec une écumoire afin de récupérer le maximum de jus.

/ Mesurez le jus de groseille et versez-le dans une bassine à confiture. Ajoutez du sucre dans la proportion de 800 g par litre de jus. Portez à ébullition et laissez bouillir pendant 8 minutes, en remuant de temps en temps et en écumant en fin de cuisson.

/ Ajoutez les zestes de citron dans la bassine. Mélangez et poursuivez la cuisson pendant 2 minutes. Une goutte de gelée déposée sur une assiette froide ne doit pas s'étaler.

/ Versez la gelée dans les pots, vissez les couvercles et retournez les récipients. Laissez refroidir avant de remettre les pots sur leur base.

CONFITURE DE MANGUES ET ABRICOTS

La mangue est un fruit exotique très apprécié.
Elle est ici associée à l'abricot, introduit de longue date chez nous.

PRÉPARATION
étalée sur 2 jours

MACÉRATION
12 h

CUISSON
15 min environ

POUR ENVIRON
4 pots de 500 g

INGRÉDIENTS
1 belle mangue mûre mais ferme
1 kg d'abricots mûrs
1 kg de sucre semoule
1 tronçon de 5 cm de gingembre frais
1 citron

Variante
La mangue peut être remplacée par 25 cl de coulis de mangue.

Premier jour

/ Pelez la mangue et détaillez la pulpe en fines lamelles en recueillant le jus qui s'écoule. Rincez les abricots. Essuyez-les et fendez-les en deux. Retirez les noyaux.

/ Mettez les fruits et le jus de mangue dans une bassine à confiture. Répartissez le sucre à la surface, couvrez la bassine d'un torchon et laissez macérer pendant 12 heures.

Deuxième jour

/ Pelez et râpez finement le gingembre et ajoutez-le dans la bassine, ainsi que le jus du citron. Mélangez bien.

/ Portez le contenu de la bassine à ébullition à feu vif. Laissez cuire pendant 15 minutes environ en remuant de temps en temps et en écumant en fin de cuisson. Une goutte de confiture déposée sur une assiette froide ne doit pas s'étaler.

/ Versez la confiture dans les pots, vissez les couvercles et retournez les récipients. Laissez refroidir avant de remettre les pots sur leur base.

ÉTÉ

CONFITURE DE MANGUES
à la noix de coco

La noix de coco est le fruit d'un arbre de la famille des palmiers. Il est l'un des cadeaux que Marco Polo offrit à l'Europe au retour de son long voyage en Orient. Le premier fruit parvenu à Paris fut présenté à l'Académie française par Charles Perrault en 1674.

PRÉPARATION
étalée sur 2 jours

MACÉRATION
12 h

CUISSON
15 à 20 min

POUR ENVIRON
4 pots de 375 g

INGRÉDIENTS
2 noix de coco
2 mangues mûres mais fermes
700 g de sucre semoule

Conseil
Une noix de coco doit être lourde, cela indique qu'elle contient beaucoup de lait.

Premier jour

/ Avec une vrille, percez 3 trous dans les « yeux » des noix de coco, puis récupérez le lait. Cassez les noix avec un marteau, détachez la pulpe de l'écorce, retirez la peau brune avec un couteau économe, puis détaillez la pulpe en copeaux avec ce même couteau. Pelez et dénoyautez les mangues, coupez-les en petits dés.

/ Mettez dans une bassine à confiture les copeaux et le lait des noix de coco, ainsi que les dés de mangue. Répartissez le sucre à la surface, couvrez la bassine d'un torchon et laissez macérer pendant 12 heures.

Deuxième jour

/ Portez le contenu de la bassine à ébullition à feu vif, puis laissez cuire doucement pendant 15 à 20 minutes, en remuant souvent et en écumant en fin de cuisson. La confiture est prête lorsque les fruits sont translucides et qu'une goutte déposée sur une assiette froide ne s'étale pas.

/ Versez la confiture dans les pots, vissez les couvercles et retournez les récipients. Laissez refroidir avant de remettre les pots sur leur base.

MARMELADE DE MANGUES *aux limes*

Le citron vert, ou lime, fut rapporté en France et en Italie par les croisés.

PRÉPARATION
25 min

MACÉRATION
6 h

CUISSON
25 min environ

POUR ENVIRON
4 pots de 500 g

INGRÉDIENTS
6 mangues mûres mais fermes
3 limes
1 kg de sucre semoule

Variante

Avant la macération, vous pouvez ajouter à cette marmelade 2 gousses de vanille fendues en deux dans la longueur.

/ Pelez et dénoyautez les mangues. Coupez-les en lamelles en récupérant le jus qui coule. Pressez les limes.

/ Mettez les mangues et le jus des limes dans une bassine à confiture. Répartissez le sucre à la surface, couvrez la bassine d'un torchon et laissez macérer pendant 6 heures.

/ Ce temps passé, portez le contenu de la bassine à ébullition à feu moyen, puis laissez cuire pendant 25 minutes environ, en remuant et en écumant de temps en temps. La marmelade est prête lorsqu'une goutte déposée sur une assiette froide ne s'étale pas.

/ Versez la marmelade dans les pots, vissez les couvercles et retournez les récipients. Laissez refroidir avant de remettre les pots sur leur base.

CONFITURE DE MELONS
à la framboise

Choisissez des melons mûrs à point, lourds et fermes, et faites confiance à votre nez : le melon exhale son parfum au moment propice. Délicieuse nature, cette confiture peut aussi être parfumée avec un trait de muscat de Beaumes-de-Venise et un soupçon de vanille en fin de cuisson.

PRÉPARATION
20 min

CUISSON
55 min environ

POUR ENVIRON
4 pots de 350 g

INGRÉDIENTS
750 g de melon (épluché et épépiné)
250 g de framboises
750 g de sucre cristallisé
1 citron non traité

Conseil
Cette confiture a tendance à produire beaucoup d'écume. Au besoin, ajoutez une noisette de beurre en fin de cuisson : l'écume disparaîtra comme par magie.

/ Prélevez le zeste du citron et coupez-le en fines lanières. Ébouillantez-le, puis rafraîchissez-le et égouttez-le.

/ Détaillez la chair du melon épluché et épépiné en morceaux.

/ Dans une bassine à confiture, portez 15 cl d'eau à ébullition avec le sucre, le zeste et le jus du citron. Ajoutez le melon. Laissez cuire à feu doux pendant 30 minutes en mélangeant souvent.

/ Ajoutez alors les framboises. Poursuivez la cuisson 15 à 20 minutes. Vérifiez la cuisson : quelques gouttes de confiture versées sur une assiette froide doivent figer immédiatement.

/ Écumez en fin de cuisson et mélangez la confiture une dernière fois. Mettez en pots et couvrez aussitôt.

CONFITURE DE MELONS
au kirsch et à l'angélique

Le melon appelé cantaloup était déjà cultivé vers 1700 au domaine italien des papes à Cantalupo, auquel il doit son nom. Chez nous, le représentant du melon le plus connu est le charentais.

PRÉPARATION
20 min

MACÉRATION
6 h

CUISSON
15 min environ

POUR ENVIRON
4 pots de 375 g

INGRÉDIENTS
2 kg de melons
500 g environ de sucre semoule
50 g d'angélique confite
50 g de citron confit
10 cl de kirsch

Conseil
Choisissez des melons à la pulpe encore un peu ferme.

/ Coupez les melons en deux, retirez les graines et détaillez la pulpe en petits morceaux.

/ Pesez la pulpe de melon, mettez-la dans une bassine à confiture et ajoutez du sucre dans la proportion de 500 g par kilo de pulpe. Couvrez la bassine d'un torchon et laissez macérer pendant 6 heures.

/ Ce temps passé, coupez l'angélique et le citron confits en petits morceaux, puis réservez-les.

/ Portez le contenu de la bassine à ébullition à feu doux, puis laissez cuire pendant 15 minutes environ, en remuant de temps en temps et en écumant en fin de cuisson. La confiture est prête lorsque la pulpe est translucide et qu'une goutte de sirop déposée sur une assiette froide ne s'étale pas. Ajoutez alors le citron, l'angélique et le kirsch, mélangez et laissez prendre quelques bouillons.

/ Versez la confiture dans les pots, vissez les couvercles et retournez les récipients. Laissez refroidir avant de remettre les pots sur leur base.

CONFITURE DE MELONS au rhum blanc

Une spécialité du Midi où les melons abondent. Ce fruit fut sans doute introduit en Europe au début de l'ère chrétienne. Dorénavant il est cultivé abondamment dans tous les pays européens du pourtour méditerranéen.

PRÉPARATION
étalée sur 2 jours

MACÉRATION
12 h

CUISSON
15 min environ

POUR ENVIRON
4 pots de 500 g

INGRÉDIENTS
2 kg de melons
500 g environ de sucre semoule
1 citron
10 cl de rhum

Variante
La recette ancienne conseille d'ajouter à cette confiture quelques graines de melon moulues, en début de cuisson, afin de lui donner une légère amertume.

Premier jour

/ Coupez les melons en deux et retirez les graines. Prélevez la pulpe avec une petite cuillère, pesez-la et mettez-la dans une bassine à confiture. Répartissez du sucre à la surface, dans la proportion de 500 g par kilo de pulpe. Couvrez la bassine d'un torchon et laissez macérer au frais pendant 12 heures.

Deuxième jour

/ Portez le contenu de la bassine à ébullition à feu doux, puis laissez cuire pendant 15 minutes environ, en remuant de temps en temps et en écumant en fin de cuisson. La pulpe doit devenir translucide et une goutte de sirop déposée sur une assiette froide ne doit pas s'étaler. Ajoutez alors à la confiture le jus du citron et le rhum, mélangez et laissez prendre quelques bouillons.

/ Versez la confiture dans les pots, vissez les couvercles et retournez les récipients. Laissez refroidir avant de remettre les pots sur leur base.

GELÉES DE FRUITS 369
heure ou trois quarts d'heure, retirez du feu, puis
laissez réduire le sirop sur le feu pour qu'il épais-
sisse un peu. Versez après sur les pruneaux.
Cerises sèches ou cerisettes. — Les cerisettes se
préparent et se font cuire comme les pruneaux (voy.
ci-dessus), mais on ne met pas de laurier dans les
boîtes.
CONFITURES ET

ÉTÉ

CONFITURE DE MELONS ET VANILLE
à l'aigre-doux

La gousse de vanille est le fruit d'une orchidée grimpante originaire du Mexique.

PRÉPARATION
20 min

CUISSON
25 min environ

POUR ENVIRON
4 pots de 375 g

INGRÉDIENTS
2 kg de melons
1 gousse de vanille
750 g de sucre semoule
15 cl de vinaigre de vin blanc

Conseil
Le vinaigre faisant mauvais ménage avec le cuivre, prévoyez un récipient en acier inoxydable pour la cuisson.

/ Coupez le melon en deux, retirez les graines avec une petite cuillère et détaillez la pulpe en petits dés. Fendez la gousse de vanille en deux dans la longueur.

/ Versez le sucre et le vinaigre dans une grande casserole à fond épais. Portez à ébullition en tournant afin de faciliter la dissolution du sucre, puis laissez cuire jusqu'à la consistance du filet ; ce point de cuisson est atteint lorsque les bulles commencent à grossir et qu'un peu de sirop pris entre le pouce et l'index mouillés forme un filet.

/ Ajoutez alors la vanille et les dés de melon, et laissez cuire 15 minutes environ après la reprise de l'ébullition. Une goutte de sirop déposée sur une assiette froide ne doit pas s'étaler.

/ Retirez la gousse de vanille, puis versez la confiture dans les pots, vissez les couvercles et retournez les récipients.
Laissez refroidir avant de remettre les pots sur leur base.

ÉTÉ

MARMELADE DE MELONS
et citrons

La douceur du melon et l'acidité du citron, une alliance savoureuse.

PRÉPARATION
25 min

MACÉRATION
6 h

CUISSON
15 min

POUR ENVIRON
4 pots de 375 g

INGRÉDIENTS
3 beaux melons
3 citrons à peau fine non traités
900 g environ de sucre semoule
150 g d'écorces d'orange confites

Variantes

Vous pouvez remplacer les écorces d'orange confites par 2 gousses de vanille introduites en début de cuisson, ou par un petit verre de rhum en fin de cuisson.

/ Plongez les citrons 1 minute dans de l'eau bouillante. Égouttez-les et pesez-les. Coupez-les en fines rondelles, puis mettez-les dans une bassine à confiture.

/ Coupez les melons en deux, ôtez les graines avec une petite cuillère et détaillez la pulpe en dés. Pesez la pulpe, mettez-la dans la bassine et ajoutez du sucre dans la proportion de 300 g par livre de pulpe de melon et de citron.

/ Émincez finement les écorces d'orange confites et mélangez-les aux fruits. Couvrez la bassine d'un torchon et laissez macérer pendant 6 heures.

/ Ce temps passé, portez le contenu de la bassine à ébullition à feu doux, puis laissez cuire pendant 15 minutes en remuant de temps en temps et en écumant en fin de cuisson. Les fruits doivent être translucides et une goutte de sirop déposée sur une assiette froide ne doit pas s'étaler.

/ Versez la marmelade dans les pots, vissez les couvercles et retournez les récipients. Laissez refroidir avant de remettre les pots sur leur base.

MARMELADE DE MELONS VERTS
aux zestes d'orange

Ce melon à la forme oblongue et à la pulpe vert pâle se trouve sur les marchés d'août à novembre.

PRÉPARATION
30 min

MACÉRATION
6 h

CUISSON
20 min environ

POUR ENVIRON
4 pots de 375 g

INGRÉDIENTS
2 kg de melons verts
2 oranges à peau fine non traitées
800 g environ de sucre semoule

Variante
En fin de cuisson, vous pouvez ajouter à cette marmelade 100 g de pignons de pin.

/ Coupez les melons en quartiers et retirez les graines. Détaillez la pulpe en lamelles, pesez-la et préparez du sucre dans la proportion de 800 g par kilo de pulpe. Prélevez les zestes d'orange en fines lanières avec un couteau économe.

/ Mettez tous les ingrédients dans une bassine à confiture, en alternant couches de melon, couches de sucre et zestes d'orange. Couvrez la bassine d'un torchon et laissez macérer pendant 6 heures.

/ Ce temps passé, portez le contenu de la bassine à ébullition à feu vif, puis laissez cuire pendant 20 minutes environ, en remuant de temps en temps et en écumant en fin de cuisson. La pulpe doit être translucide et une goutte de sirop déposée sur une assiette froide ne doit pas s'étaler.

/ Versez la marmelade dans les pots, vissez les couvercles et retournez les récipients. Laissez refroidir avant de remettre les pots sur leur base.

CONFITURE DE MIRABELLES

Une bonne confiture de mirabelles se passe d'artifice : des fruits, du sucre, une pointe de citron et le tour est joué. On peut néanmoins réduire la proportion de sucre à 800 g pour 1 kilo de fruits. Dans ce cas, ajoutez une cuillerée à soupe de miel en fin de cuisson. Le parfum de cette petite prune en sera sublimé.

PRÉPARATION
20 min

CUISSON
45 min environ

POUR ENVIRON
4 pots de 350 g

INGRÉDIENTS
1 kg de mirabelles
1 kg de sucre en morceaux
1/2 citron

Conseil

Pour donner du goût et du corps à cette confiture, ajoutez dans la bassine à confiture les noyaux des mirabelles enfermés dans un nouet de mousseline. Retirez ce dernier en fin de cuisson.

/ Rincez et essuyez les mirabelles, puis dénoyautez-les.

/ Dans une bassine à confiture, portez 15 cl d'eau à ébullition avec le sucre et un filet de citron. Faites cuire jusqu'à ce que de grosses bulles éclatent à la surface du sirop.

/ Ajoutez alors les mirabelles dans la bassine. Faites cuire à feu vif pendant 20 minutes en remuant souvent.

/ À l'aide d'une écumoire, retirez les mirabelles. Répartissez-les dans les pots en remplissant ces derniers aux trois quarts.

/ Poursuivez la cuisson du sirop à feu vif pendant 20 minutes environ. Vérifiez la cuisson : quelques gouttes versées sur une assiette froide doivent figer aussitôt.

/ Écumez en fin de cuisson, puis versez le sirop bouillant dans les pots, sur les mirabelles. Couvrez aussitôt.

GELÉE DE MÛRE

Qu'il est doux le temps des mûres, quand l'été est sur le déclin et que la fin des grandes vacances est proche… Il est bien difficile de résister à l'envie de manger les petits fruits au fur et à mesure de la cueillette, mais gardez-en de côté pour cette gelée si facile à réaliser.

PRÉPARATION
15 min

CUISSON
20 min environ

POUR ENVIRON
3 pots de 350 g

INGRÉDIENTS
1 kg de mûres noires
100 g de mûres encore rouges
750 g de sucre
1/2 citron (facultatif)

Conseil
Prenez le temps de trier les mûres afin d'éliminer les fruits douteux. Si vous les avez cueillies au bord d'une route, rincez-les rapidement car elles peuvent être polluées.

/ Mettez les mûres dans une bassine à confiture avec 5 cl d'eau. Faites-les cuire à feu vif pendant 5 minutes en les écrasant sans cesse avec le dos de l'écumoire.

/ Filtrez le jus de mûre à travers un linge humide ou passez les mûres au moulin à légumes, grille fine. Dans le deuxième cas, filtrez aussitôt à travers une passoire recouverte d'une étamine.

/ Pesez le jus obtenu. Comptez le même poids de sucre. Réunissez jus et sucre dans la bassine rincée et essuyée. Si les mûres sont très sucrées, ajoutez un filet de citron.

/ Portez le contenu de la bassine à ébullition et faites cuire pendant 15 minutes environ. Vérifiez la cuisson : quelques gouttes de gelée versées sur une assiette froide doivent figer aussitôt.

/ Versez la gelée dans les pots. Attendez le lendemain pour couvrir les pots.

CONFITURE DE MYRTILLES

Cette confiture très douce et un peu coulante est idéale pour sucrer yaourts et fromage blanc. Vous pouvez rehausser son acidité en y ajoutant un filet de jus de citron ou de jus d'orange, juste avant la mise en pots.

PRÉPARATION
étalée sur 2 jours

CUISSON
20 à 25 min

POUR ENVIRON
4 pots de 350 g

INGRÉDIENTS
1 kg de myrtilles
1 kg de sucre cristallisé

Conseil
La confiture de myrtilles reste assez liquide. Il est donc inutile de prolonger la cuisson trop longtemps.

Premier jour

/ Rincez rapidement les myrtilles. Égrenez-les. Mettez-les dans une terrine avec le sucre, en couches alternées. Terminez par une couche de sucre. Réservez au frais jusqu'au lendemain.

Deuxième jour

/ Les myrtilles ont rendu beaucoup de jus. Versez le contenu de la terrine dans une bassine à confiture. Portez à ébullition à feu doux.

/ Faites cuire à feu vif pendant 20 à 25 minutes, en mélangeant à plusieurs reprises. Vérifiez la cuisson : quelques gouttes de confiture versées sur une assiette froide doivent s'écouler lentement.

/ Écumez en fin de cuisson. Mélangez, puis versez la confiture dans les pots. Couvrez aussitôt.

CONFITURE DE PASTÈQUE

Ce fruit rafraîchissant, à la chair aqueuse, se transforme volontiers en délicieuse et appétissante confiture. La pastèque étant pauvre en pectine, les agrumes ajoutés lui apportent l'acidité qui lui manque et assurent une bonne prise en gelée.

PRÉPARATION
20 min

CUISSON
1 h

POUR ENVIRON
4 pots de 350 g

INGRÉDIENTS
1 pastèque moyenne
2 oranges à peau fine non traitées
2 citrons non traités
750 g de sucre cristallisé

Conseil

Pour renforcer la couleur de cette confiture et lui donner un supplément de parfum, ajoutez une cuillerée à soupe de liqueur de fruits rouges (framboises, fraises des bois) en fin de cuisson.

/ Coupez la pastèque en quartiers. Épluchez ces derniers et éliminez les pépins. Coupez la pulpe en morceaux. Faites blanchir ces derniers 2 minutes à l'eau bouillante, puis égouttez-les.

/ Prélevez les zestes des oranges et des citrons. Coupez-les en fines lanières. Ébouillantez-les, rafraîchissez-les, puis égouttez-les. Mélangez les zestes aux morceaux de pastèque. Ajoutez le jus des oranges et des citrons. Pesez le tout. Comptez 750 g de sucre par kilo de fruits.

/ Mettez les fruits et le sucre dans une bassine à confiture. Portez à ébullition en remuant fréquemment. Faites cuire à feu modéré pendant 1 heure en remuant souvent. La confiture est cuite lorsque les morceaux de pastèque sont transparents et légèrement dorés.

/ Mélangez la confiture, mettez en pots et couvrez aussitôt.

CONFITURE DE PÊCHES ET ABRICOTS

Voici une recette à réaliser à la fin du mois de juillet, lorsque les pêches sont au mieux de leur saveur et que les abricots, très mûrs, ont perdu leur acidité.

PRÉPARATION
20 min

CUISSON
25 min environ

POUR ENVIRON
7 pots de 350 g

INGRÉDIENTS
750 g de pêches blanches
750 g d'abricots
1,5 kg de sucre en morceaux
1 citron

Variante

Vous pouvez ajouter soit une gousse de vanille fendue dans la longueur dans le sirop en début de cuisson (que vous retirerez au moment de la mise en pots), soit une cuillerée à soupe de fleurs de lavande en fin de cuisson.

/ Ébouillantez les pêches pour les peler et dénoyautez-les. Coupez-les en gros morceaux. Ouvrez et dénoyautez les abricots.

/ Dans une bassine à confiture, portez à ébullition 25 cl d'eau avec le sucre et le jus du citron. Faites cuire à feu doux pendant 3 à 4 minutes sans remuer. De grosses bulles doivent recouvrir toute la surface de la bassine.

/ Ajoutez alors les abricots et les pêches. Faites cuire à feu vif pendant 20 minutes environ. Vérifiez la cuisson : quelques gouttes de confiture versées sur une assiette froide doivent figer aussitôt. Au besoin, prolongez-la de quelques minutes.

/ Écumez en fin de cuisson. Mélangez, puis versez la confiture dans les pots. Couvrez aussitôt.

CONFITURE DE PÊCHES *au muscat*

Réservée aux adultes, cette confiture contient des morceaux de fruits cuits dans un sirop parfumé de muscat, un vin doux naturel en parfait accord avec les fruits du soleil.

PRÉPARATION
20 min

CUISSON
40 min environ

POUR ENVIRON
6 pots de 500 g

INGRÉDIENTS
750 g de pêches blanches
750 g de pêches jaunes
1,5 kg de sucre en morceaux
7 cl de muscat (Beaumes-de-Venise ou Rivesaltes)
1/2 citron

/ Ébouillantez les pêches pour les peler et les dénoyautez-les. Coupez-les en gros morceaux.

/ Dans une bassine à confiture, portez 25 cl d'eau à ébullition avec le sucre et un filet de citron. Faites cuire au petit boulé, jusqu'à ce que le sirop atteigne une température comprise entre 109 et 116 °C. Si vous n'avez pas de thermomètre confiseur, versez une petite cuillerée de sirop dans un verre d'eau glacée. Vous devez sentir une boule malléable entre les doigts.

/ Ajoutez alors les pêches. Faites cuire à feu vif pendant 10 minutes, en remuant à plusieurs reprises sans écraser les fruits.

/ Retirez les pêches avec une écumoire. Répartissez-les dans les pots. Poursuivez la cuisson du sirop à feu doux pendant 15 minutes. Vérifiez la cuisson : quelques gouttes versées sur une assiette froide doivent figer aussitôt.

/ Hors du feu, parfumez du muscat et mélangez. Versez ce sirop dans les pots. Laissez complètement refroidir, puis fermez les pots.

CONFITURE DE PÊCHES ET GROSEILLES

Pêche et groseille : voilà un duo gagnant pour cette confiture à réaliser en juillet avec des fruits gorgés de soleil. Vous pouvez panacher pêches blanches et pêches jaunes avec des groseilles rouges ou blanches.

PRÉPARATION
étalée sur 2 jours

MACÉRATION
12 h

CUISSON
25 min environ

POUR ENVIRON
5 pots de 350 g

INGRÉDIENTS
1 kg de pêches blanches
500 g de groseilles
1,2 kg de sucre cristallisé
1 citron

Variante
Pour renforcer la sensation de fraîcheur, vous pouvez ajouter en fin de cuisson une dizaine de feuilles de menthe ciselées.

Premier jour

/ Ébouillantez les pêches pour les peler et dénoyautez-les. Coupez-les en morceaux. Arrosez du jus du citron.

/ Égrenez les groseilles à l'aide d'une fourchette.

/ Réunissez pêches et groseilles dans une terrine avec le sucre, en couches alternées. Terminez par une couche de sucre. Laissez macérer pendant 12 heures.

Deuxième jour

/ Les fruits ont rendu beaucoup de jus. Recueillez-le et versez-le dans une bassine à confiture. Faites bouillir à feu vif jusqu'à ce que le jus nappe l'écumoire.

/ Ajoutez les fruits dans la bassine et poursuivez la cuisson pendant 15 à 20 minutes. Vérifiez la cuisson : quelques gouttes de confiture versées sur une assiette froide doivent figer aussitôt.

/ Écumez en fin de cuisson. Mélangez, puis versez la confiture dans les pots. Couvrez à chaud.

CONFITURE DE QUETSCHES
aux noix

Les noix fraîches et les quetsches sont présentes jusqu'à la mi-septembre. Il ne faut donc pas tarder pour réaliser cette exquise confiture, à la fois sucrée et acidulée grâce à l'apport de jus de citron en fin de cuisson.

PRÉPARATION
étalée sur 2 jours

MACÉRATION
12 h

CUISSON
50 min environ

POUR ENVIRON
4 pots de 350 g

INGRÉDIENTS
1 kg de quetsches (dénoyautées)
750 g de sucre en poudre
15 noix fraîches
1 citron

Conseil

Si les peaux des quetsches vous gênent, passez ces fruits dénoyautés et coupez en deux au moulin à légumes, grille fine. Comptez alors 20 à 30 minutes de cuisson seulement.

Premier jour

/ Rincez les quetsches. Ouvrez-les et dénoyautez-les.

/ Mettez les quetsches dans une terrine avec le sucre, en couches alternées. Terminez par une couche de sucre. Réservez au frais pendant 12 heures.

Deuxième jour

/ Décortiquez les noix fraîches. Pelez et coupez en deux les cerneaux.

/ Versez le contenu de la terrine dans une bassine à confiture. Portez à ébullition et faites cuire à feu modéré pendant 35 à 45 minutes. Vérifiez la cuisson : quelques gouttes de confiture versées sur une assiette froide doivent figer aussitôt.

/ Ajoutez les noix et le jus du citron. Donnez encore un bouillon.

/ Écumez en fin de cuisson. Mélangez, puis versez la confiture dans les pots. Couvrez aussitôt.

MARMELADE DE REINES-CLAUDES

Réalisez cette marmelade à la fin du mois d'août, lorsque les reines-claudes sont parfumées à souhait, fondantes et juteuses, tellement sucrées qu'elles ont presque un petit goût de miel.

PRÉPARATION
15 min

MACÉRATION
6 h

CUISSON
30 à 45 min

POUR ENVIRON
4 pots de 350 g

INGRÉDIENTS
1 kg de reines-claudes
800 g de sucre cristallisé
1 citron

/ Rincez et dénoyautez les reines-claudes. Mettez-les dans une terrine avec le sucre, en couches alternées. Arrosez du jus du citron. Terminez par une couche de sucre. Réservez au frais pendant 6 heures.

/ Les fruits ont rendu beaucoup de jus. Versez le contenu de la terrine dans une bassine à confiture. Portez à ébullition à feu doux en mélangeant. Faites alors cuire à feu vif pendant 25 à 40 minutes, en remuant fréquemment. Vérifiez la cuisson : quelques gouttes de confiture versées sur une assiette froide doivent figer presque immédiatement.

/ Écumez en fin de cuisson. Mélangez, puis versez la confiture dans les pots. Couvrez aussitôt.

Conseil

Le temps de macération ne doit pas être trop long afin de ne pas altérer la couleur des reines-claudes. Une cuisson vive et courte est aussi recommandée.

a
a
d
c
b
e
f
g

CONFITURE DE TOMATES VERTES au basilic

Proposez cette succulente confiture avec un fromage de chèvre ou de brebis frais. Le basilic peut être remplacé par de la sarriette ou du thym, à raison d'une petite brindille pour le thym, pas davantage, car il est très fort.

PRÉPARATION
étalée sur 2 jours

MACÉRATION
12 h

CUISSON
1 h 15 environ

POUR ENVIRON
3 pots de 350 g

INGRÉDIENTS
1 kg de tomates vertes
800 g de sucre cristallisé
1 citron non traité
2 brins de basilic

Conseil

La confiture ayant tendance à attacher, maintenez le feu très doux. Au besoin, utilisez un diffuseur de chaleur.

Premier jour

/ Choisissez des tomates vertes et bien fermes. Pelez-les au couteau et coupez-les en deux. Pressez-les pour extraire les graines. Concassez la chair. Coupez le citron en tranches fines.

/ Mettez les tomates dans une terrine en alternant avec les rondelles de citron, le basilic et le sucre. Terminez par une couche de sucre. Laissez macérer pendant 12 heures.

Deuxième jour

/ Versez le contenu de la terrine dans une bassine à confiture. Portez à ébullition à feu doux en mélangeant. Faites alors cuire pendant 20 minutes à feu vif en remuant souvent.

/ Baissez le feu au maximum. Poursuivez la cuisson à frémissements pendant 50 minutes à 1 heure. Vérifiez : quelques gouttes versées sur une assiette froide doivent figer presque immédiatement.

/ Retirez le basilic. Mélangez la confiture, puis versez dans les pots et couvrez aussitôt.

CONFITURE DE TOMATES, FIGUES
et écorces de melon

Trois fruits gorgés de soleil sont associés pour cette confiture.

PRÉPARATION
étalée sur 2 jours

MACÉRATION
12 h

CUISSON
1 h 10

REPOS
6 h

POUR ENVIRON
4 pots de 500 g

INGRÉDIENTS
500 g de tomates
1 kg de figues
500 g d'écorces de melon
1,2 kg de sucre semoule

Variante
Vous pouvez ajouter à la macération 2 gousses de vanille fendues dans la longueur.

Premier jour

/ Incisez les tomates en croix et plongez-les 30 secondes dans de l'eau bouillante. Égouttez-les, puis pelez-les et épépinez-les. Hachez-les. Rincez et essuyez les figues. Détaillez les écorces de melon en très petits dés.

/ Pesez tous ces ingrédients, mettez-les dans une bassine à confiture et répartissez du sucre à la surface dans la proportion de 800 g par kilo du mélange de fruits. Couvrez la bassine d'un torchon et laissez macérer pendant 12 heures.

Deuxième jour

/ Portez le contenu de la bassine à ébullition en remuant souvent. Laissez cuire tout doucement pendant 1 heure, jusqu'à ce que les écorces de melon soient confites et translucides. Retirez du feu et laissez reposer 6 heures.

/ Remettez la bassine sur le feu, portez de nouveau à ébullition à feu vif et laissez cuire 10 minutes, en écumant en fin de cuisson. Une goutte de confiture déposée sur une assiette froide ne doit pas s'étaler.

/ Versez la confiture dans les pots, vissez les couvercles et retournez les récipients. Laissez refroidir avant de remettre les pots sur leur base.

ÉTÉ

MARMELADE DE TOMATES
aux amandes et au miel

Longtemps considérée comme vénéneuse, la tomate ne fut introduite dans la cuisine italienne qu'au XVIe siècle, où on lui donna le joli nom de « pomme d'or ». Cette marmelade est délicieuse sur des crêpes.

PRÉPARATION
étalée sur 2 jours

MACÉRATION
12 h

CUISSON
30 min

POUR ENVIRON
4 pots de 375 g

INGRÉDIENTS
1,2 kg de tomates
850 g de sucre semoule
le zeste râpé de 1 citron non traité
6 cuil. à soupe de miel
180 g d'amandes mondées

Conseil
Un miel « toutes fleurs » est suffisant pour cette recette.

Premier jour

/ Incisez les tomates en croix et plongez-les 1 minute dans de l'eau bouillante, puis dans un récipient d'eau froide contenant des glaçons. Égouttez-les, puis pelez-les, coupez-les en rondelles et épépinez-les.

/ Mettez les tomates et le sucre dans une bassine à confiture, en couches alternées. Couvrez la bassine d'un torchon et laissez macérer pendant 12 heures.

Deuxième jour

/ Portez le contenu de la bassine à ébullition à feu vif. Ajoutez le zeste de citron et le miel, puis laissez cuire à feu doux pendant 30 minutes, en remuant de temps en temps et en écumant. Incorporez les amandes 2 minutes avant la fin de la cuisson. La marmelade est prête lorsqu'une goutte déposée sur une assiette froide ne s'étale pas.

/ Versez la marmelade dans les pots, vissez les couvercles et retournez les récipients. Laissez refroidir avant de remettre les pots sur leur base.

AUTOMNE

CONFITURE DE COINGS

De fin septembre à début novembre, les coings présentés sur les étals sont mûrs. Mais si vous les cueillez dans votre jardin, récoltez-les avant les premières gelées, même s'ils sont encore verts ; ils finiront de mûrir dans votre corbeille de fruits à température ambiante, embaumant la maison de leur parfum.

PRÉPARATION
30 min

CUISSON
1 h environ

POUR ENVIRON
4 pots de 350 g

INGRÉDIENTS
1,5 kg de coings bien mûrs
1,5 kg de sucre cristallisé
1 citron

Conseil

L'épluchage des coings est long, car il faut prendre bien soin de retirer les morceaux de fruits trop durs qui ne cuiraient pas.

/ Épluchez et coupez les coings en quartiers. Mettez-les au fur et à mesure dans une terrine remplie d'eau froide additionnée du jus du citron afin que les coings ne noircissent pas.

/ Dans une bassine à confiture, portez à ébullition 25 cl d'eau avec le sucre. Dès que le sucre est fondu, ajoutez les coings parfaitement égouttés. Laissez cuire à feu doux pendant 1 heure environ en mélangeant souvent. Vérifiez la cuisson : quelques gouttes de confiture versées sur une assiette froide doivent figer immédiatement.

/ Écumez en fin de cuisson. Mélangez, puis versez la confiture dans les pots. Couvrez aussitôt.

AUTOMNE

GELÉE FINE DE COING

C'est la recette simple et parfaite par excellence : les fruits ne demandent pas d'épluchage – ce qui représente un sérieux gain de temps –, la prise en gelée est assurée par les coings et les pommes, deux fruits riches en pectine. Le résultat final est impeccable : une gelée translucide, ni trop ferme, ni trop coulante.

PRÉPARATION
20 min

CUISSON
35 min environ

POUR ENVIRON
5 pots de 350 g

INGRÉDIENTS
1 kg de coings
250 g de pommes
1,5 kg environ de sucre cristallisé
1/2 citron

Variante

L'apport de pommes donne une gelée moins compacte, mais vous pouvez aussi utiliser uniquement des coings.

/ Rincez et essuyez les coings et les pommes. Sans les peler, coupez-les en morceaux.

/ Mettez les fruits dans une bassine à confiture avec un filet de citron. Couvrez d'eau juste à hauteur.

/ Portez à ébullition. Laissez cuire jusqu'à ce que les coings soient tendres.

/ Filtrez ensuite à travers une passoire doublée d'une étamine mouillée (ou un tamis fin) sans presser les fruits.
Mesurez le jus obtenu et comptez 1 kilo de sucre par litre.

/ Réunissez jus et sucre dans la bassine. Faites bouillir à feu vif pendant 30 minutes environ. Vérifiez la cuisson : quelques gouttes de gelée versées sur une assiette froide doivent figer aussitôt.

/ Mettez en pots. Laissez refroidir jusqu'au lendemain, puis fermez les pots.

T. 6. N° 75.
Fig. 4
Fig. 2
Fig. 3
Fig. 1
Fig. 7
Fig. 5
Fig. 6

GELÉE DE COING
aux amandes et à la vanille

Les amandes et la vanille ajoutées aux coings, une association heureuse et parfumée.

PRÉPARATION
30 min

REPOS
1 h

CUISSON
40 min environ

POUR ENVIRON
4 pots de 375 g

INGRÉDIENTS
1 kg de coings
800 g environ de sucre semoule
1 gousse de vanille
75 g d'amandes effilées

Conseil
Cueillez les coings avant leur pleine maturité et laissez-les achever leur mûrissement à une température de 15 à 19 °C.

/ Essuyez les coings avec un torchon pour en retirer le duvet. Coupez-les en quartiers sans ôter le cœur ni les pépins, puis émincez-les.

/ Mettez les coings dans une bassine à confiture. Versez 2 litres d'eau, portez à ébullition, puis laissez à frémissements pendant 30 minutes : les fruits doivent céder légèrement sous la pression du doigt.

/ Filtrez le jus au travers d'une passoire garnie d'une étamine, en le laissant s'écouler doucement dans une jatte sans presser les coings, afin qu'il reste clair. Il faut compter 1 heure.

/ Mesurez le jus obtenu, reversez-le dans la bassine à confiture et ajoutez du sucre dans la proportion de 800 g par litre de jus. Fendez la gousse de vanille en deux dans la longueur et ajoutez-la.

/ Portez le contenu de la bassine à ébullition à feu vif et laissez bouillir pendant 10 minutes en écumant en fin de cuisson. La gelée est prête lorsqu'une goutte déposée sur une assiette froide ne s'étale pas. Retirez alors la gousse de vanille et mélangez les amandes à la gelée.

/ Versez la gelée dans les pots, vissez les couvercles et retournez les récipients. Laissez refroidir en retournant plusieurs fois les pots afin de répartir les amandes dans la gelée.

MÉLI-MÉLO DE COINGS, POIRES ET POMMES

Une excellente recette pour ne pas laisser perdre les excédents du verger.

PRÉPARATION
30 min

MACÉRATION
6 h

CUISSON
30 min

POUR ENVIRON
4 pots de 500 g

INGRÉDIENTS
1 kg de coings
600 g de poires
600 g de pommes
le zeste et le jus de 1 citron non traité
le zeste de 1 orange non traitée
1 kg de sucre semoule
50 g de cerneaux de noix

Variante
Vous pouvez ajouter la pulpe d'un melon à cette confiture lors de la cuisson.

/ Essuyez les coings avec un torchon pour en retirer le duvet. Pelez-les, coupez-les en quatre et retirez le cœur et les parties dures. Mettez les quartiers de coings dans une casserole avec de l'eau à hauteur. Portez à ébullition et laissez cuire pendant 10 minutes.

/ Égouttez les coings, puis émincez-les. Mettez-les dans une bassine à confiture et arrosez du jus de citron.

/ Pelez les poires et les pommes, retirez le cœur et les pépins et ajoutez ces fruits dans la bassine. Coupez les zestes d'orange et de citron en fines lanières et ajoutez-les également. Répartissez le sucre à la surface, couvez la bassine d'un torchon et laissez macérer pendant 6 heures.

/ Ce temps passé, portez le contenu de la bassine à ébullition à feu vif, puis laissez cuire doucement pendant 15 minutes environ, en remuant de temps en temps et en écumant en fin de cuisson. La confiture est prête lorsqu'une goutte de sirop déposée sur une assiette froide ne s'étale pas. Incorporez alors les cerneaux de noix et laissez prendre quelques bouillons.

/ Versez la confiture dans les pots, vissez les couvercles et retournez les récipients. Laissez refroidir avant de remettre les pots sur leur base.

AUTOMNE

CONFITURE DE BAIES D'ÉGLANTIER

L'églantier est un rosier sauvage, dont les fruits, couramment nommés gratte-cul, servent à préparer cette confiture. Cueillez les baies, les cynorhodons, en octobre, lorsqu'elles sont d'un beau rouge foncé.

PRÉPARATION
étalée sur 9 jours

FERMENTATION
8 jours

CUISSON
35 min

POUR ENVIRON
3 pots de 375 g

INGRÉDIENTS
750 g de baies d'églantier
35 cl environ de vin blanc
500 g environ de sucre semoule

Variante
Si vous n'avez pas assez de baies d'églantier, mélangez-les avec le même poids de coings.

/ Rincez les baies d'églantier, retirez les pédoncules et les petits « chapeaux » noirs, puis coupez chaque baie en deux sans retirer les graines.

/ Mettez les baies dans un récipient et versez du vin à mi-hauteur. Couvrez le récipient et laissez fermenter au frais pendant 8 jours, en remuant le liquide chaque jour.

/ Ce temps passé, versez les baies et le liquide de fermentation dans une bassine à confiture. Portez à ébullition à feu vif, puis laissez cuire doucement 20 minutes, en ajoutant au besoin un peu de vin si le mélange devient trop épais. Filtrez le jus au travers d'une passoire garnie d'une étamine et pesez-le.

/ Reversez le jus dans la bassine et ajoutez le même poids de sucre. Portez à ébullition et laissez cuire doucement pendant 15 minutes environ, afin que la confiture épaississe : une goutte déposée sur une assiette froide ne doit pas s'étaler.

/ Versez la confiture dans les pots, vissez les couvercles et retournez les récipients. Laissez refroidir avant de remettre les pots sur leur base.

AUTOMNE

CONFITURE DE POMMES ET RAISINS

Réalisez cette confiture entre septembre et octobre à la saison de la 'Reine des Reinettes', une variété de pommes bien parfumée. Vous pouvez y associer d'autres fruits d'automne comme des poires ou des coings soigneusement épluchés.

PRÉPARATION
20 min

CUISSON
1 h 10 environ

INGRÉDIENTS
750 g de raisins muscat
750 g de pommes 'Reine des Reinettes'
1 kg environ de sucre en morceaux
1 citron non traité
2 clous de girofle
6 graines de cardamome

Conseil

Pour ne pas retrouver les épices dans la confiture, enfermez-les dans une boule à thé que vous retirerez en fin de cuisson.

/ Rincez et égrappez les raisins. Avec un vide-pomme, ôtez le cœur et les pépins des pommes. Pelez-les et coupez-les en morceaux. Arrosez-les du jus du citron.

/ Pesez les fruits. Comptez 750 g de sucre par kilo.

/ Dans une bassine à confiture, portez 20 cl d'eau à ébullition avec le sucre. Laissez cuire jusqu'à ce que de grosses gouttes éclatent à la surface du sirop.

/ Ajoutez alors les fruits et les épices, puis mélangez. Laissez cuire pendant 1 heure environ en mélangeant souvent. Avec une cuillère à soupe, retirez les pépins des raisins au fur et à mesure qu'ils remontent à la surface. Vérifiez la cuisson : quelques gouttes de confiture versées sur une assiette froide doivent figer immédiatement.

/ Écumez en fin de cuisson. Mélangez, puis versez la confiture dans les pots. Couvrez aussitôt.

CONFITURE DE POMMES
aux raisins secs

Il s'agit là d'une vraie gourmandise que vous dégusterez au goûter avec des tranches de pain d'épice ou en dessert avec une boule de glace à la vanille. Le rhum est facultatif si vous utilisez des raisins blonds bien moelleux.

PRÉPARATION
15 min

CUISSON
50 min

POUR ENVIRON
5 pots de 350 g

INGRÉDIENTS
100 g de raisins secs
2 cuil. à soupe de rhum
1,5 kg de pommes
1 kg de sucre en morceaux
1/2 citron

Variante

Il est important de laisser cuire le caramel sans le mélanger en cours de cuisson. En revanche, une fois les pommes et les raisins ajoutés dans la bassine à confiture, remuez souvent afin que la confiture n'attache pas au fond du récipient.

/ Mettez les raisins secs dans une petite casserole avec le rhum. Chauffez à feu doux. Hors du feu, flambez avec une allumette. Couvrez et réservez.

/ Pelez, épépinez et coupez les pommes en lamelles.

/ Mettez les morceaux de sucre dans une bassine à confiture avec 20 cl d'eau et un filet de citron. Faites cuire jusqu'à l'obtention d'un caramel blond pâle.

/ Ajoutez alors les pommes et les raisins secs dans la bassine. Mélangez. Faites cuire à feu très doux pendant 35 à 40 minutes, en remuant fréquemment. Vérifiez la cuisson : quelques gouttes de confiture versées sur une assiette froide doivent figer immédiatement.

/ Versez cette confiture légèrement caramélisée dans les pots et couvrez aussitôt.

GELÉE DE POMMES au jus d'ananas et aux zestes de citron

Le pommier, qui serait originaire d'Asie du Sud-Est, est l'un des plus anciens arbres fruitiers.

PRÉPARATION
étalée sur 2 jours

REPOS
12 h

CUISSON
30 à 35 min

POUR ENVIRON
4 pots de 350 g

INGRÉDIENTS
- 1,2 kg de pommes
- 25 cl de jus d'ananas frais
- le zeste râpé de 1 citron non traité
- 1 kg environ de sucre semoule
- 5 cl de rhum

Conseil
Le zeste d'une demi-orange peut remplacer le zeste de citron. Si vous manquez de temps, vous pouvez utiliser un jus d'ananas en boîte.

Premier jour

/ Coupez les pommes en quartiers sans les peler et mettez-les dans une bassine à confiture. Versez 1 litre d'eau, portez à ébullition à feu vif, puis laissez cuire doucement pendant 20 minutes.

/ Filtrez la pulpe obtenue au travers une passoire garnie d'une étamine posée sur un saladier. Laissez le jus s'écouler sans presser, puis laissez reposer à couvert pendant 12 heures.

Deuxième jour

/ Mélangez ce jus de pomme avec le jus d'ananas, puis mesurez le liquide obtenu. Versez celui-ci dans la bassine à confiture, ajoutez le zeste de citron et du sucre dans la proportion de 800 g par litre de jus.

/ Portez doucement le contenu de la bassine à ébullition. Laissez cuire pendant 10 à 15 minutes en écumant en fin de cuisson. Une goutte déposée sur une assiette froide ne doit pas s'étaler. Incorporez le rhum.

/ Versez la gelée dans les pots, vissez les couvercles et retournez les récipients. Laissez refroidir avant de remettre les pots sur leur base.

GELÉE DE POMME à l'orange

Toute en brillance et en transparence, cette gelée est un régal pour les yeux autant que pour le palais. Choisissez une variété de pommes fondante et juteuse à la cuisson, comme la 'Belle de Boskoop' ou la 'Reinette du Canada'.

PRÉPARATION
20 min

CUISSON
1 h 30

POUR ENVIRON
5 pots de 350 g

INGRÉDIENTS
1,5 kg de pommes
800 g d'oranges non traitées
1 kg de sucre cristallisé

Variante
Pour un parfum inédit, ajoutez un petit bouquet de menthe fraîche dans le sirop de cuisson. Retirez-le avant la mise en pots. Garnissez ces derniers de quelques feuilles de menthe blanchies à l'eau bouillante.

/ Rincez les pommes. Coupez-les en morceaux sans les peler ni les épépiner. Mettez-les dans un faitout et couvrez d'eau à hauteur. Faites cuire les pommes pendant 25 à 30 minutes jusqu'à ce qu'elles soient tendres.

/ Filtrez à travers une passoire doublée d'une étamine (ou un tamis fin) sans presser les pommes. Pesez le jus obtenu. Comptez le même poids en sucre.

/ Versez le jus de pomme dans une bassine à confiture. Ajoutez le sucre. Portez à ébullition.

/ Entre-temps, brossez les oranges sous l'eau chaude. Essuyez-les, puis coupez-les en très fines tranches. Ajoutez-les dans la bassine. Faites cuire à feu doux pendant 1 heure en remuant souvent, mais sans briser les tranches d'oranges. Vérifiez la cuisson : quelques gouttes de gelée versées sur une assiette froide doivent figer aussitôt. Au besoin, prolongez la cuisson de quelques minutes.

/ Mettez la gelée en pots. Attendez le lendemain pour fermer les pots.

AUTOMNE

GELÉE DE POMME REINETTE
au citron

Profitez de la saison des pommes 'Reine de Reinette' de fin août à fin octobre, pour préparer cette délicate gelée à la belle couleur ambrée.

PRÉPARATION
étalée sur 2 ou 3 jours

REPOS
24 h

CUISSON
35 min environ

POUR ENVIRON
4 pots de 350 g

INGRÉDIENTS
1,2 kg de pommes 'Reine des Reinettes'
800 g environ de sucre semoule
1 citron non traité

Conseil
Il est indispensable de conserver la peau, le cœur et les pépins des pommes ; ils contribuent à la gélification.

/ Lavez, essuyez et coupez les pommes en quartiers sans retirer la peau ni les pépins. Mettez-les dans une bassine à confiture et couvrez-les d'eau.

/ Portez à ébullition et laissez cuire à feu doux pendant 20 minutes environ ; les pommes doivent céder sous la pression du doigt.

/ Posez une grande passoire garnie d'une étamine au-dessus d'un saladier. Versez le jus et les pommes dans la passoire, couvrez et laissez le jus s'écouler doucement sans presser pendant 24 heures.

/ Mesurez le jus obtenu, reversez-le dans la bassine à confiture et ajoutez du sucre dans la proportion de 800 g par litre de jus.

/ Portez doucement à ébullition. Pendant ce temps, lavez et essuyez le citron. Coupez 5 fines rondelles au centre du fruit et épépinez-les. Ajoutez les rondelles de citron dans la bassine et poursuivez la cuisson 10 à 15 minutes en écumant vers la fin. La gelée est prête lorsqu'une goutte déposée sur une assiette froide ne s'étale pas.

/ Mettez 1 rondelle de citron au fond de chaque pot, versez la gelée et laissez refroidir sous un torchon avant de visser les couvercles.

MARMELADE DE POMMES ET QUETSCHES

La quetsche, cette prune oblongue et sucrée, est cultivée en Alsace. C'est une excellente prune à confiture. Associée à la pomme 'Reine des Reinettes', elle donne le meilleur d'elle-même.

PRÉPARATION
25 min

CUISSON
30 min

POUR ENVIRON
4 pots de 375 g

INGRÉDIENTS
1 kg de pommes
500 g de quetsches
1 kg environ de sucre semoule

Conseil

Vous pouvez aussi utiliser la 'Golden du Limousin' ; cette pomme bénéficie désormais d'une appellation contrôlée.

/ Pelez et épépinez les pommes, puis coupez-les en morceaux. Mettez les cœurs et les pépins dans un petit nouet de gaze. Lavez et essuyez les quetsches, fendez-les en deux et retirez les noyaux.

/ Mettez les pommes et les quetsches, avec le nouet, dans une bassine à confiture. Couvrez les fruits d'eau à hauteur. Portez à ébullition, puis laissez cuire doucement pendant 15 minutes environ ; les fruits doivent être translucides.

/ Retirez le nouet de gaze et mixez les fruits ou passez-les au moulin à légumes, avec le jus de cuisson. Pesez la purée obtenue, remettez-la dans la bassine et ajoutez du sucre dans la proportion de 750 g par kilo de purée de fruits.

/ Remettez la bassine sur un feu plutôt vif et laissez cuire environ 15 minutes, en remuant sans cesse ; la marmelade doit devenir épaisse et laisser apparaître le fond de la bassine lorsqu'on la remue.

/ Versez la marmelade dans les pots, vissez les couvercles et retournez les récipients. Laissez refroidir avant de remettre les pots sur leur base.

MARMELADE DE POMMES RÂPÉES
au gingembre

La confitures de pommes se transforme dans cette recette en une marmelade à la texture nouvelle dont la saveur est rehaussée par le léger goût piquant du gingembre taillé en fines rondelles.

PRÉPARATION
30 min

CUISSON
40 à 45 min

POUR ENVIRON
4 pots de 350 g

INGRÉDIENTS
1,4 kg de pommes
1 tronçon de gingembre frais de 10 cm
1,2 kg de sucre semoule

Conseil
Les fruits tombés au pied d'un pommier peuvent, s'ils sont sains, servir à la préparation de cette marmelade.

/ Pelez et épépinez les pommes en conservant le cœur et les pépins dans un nouet de gaze. Coupez les pommes en quartiers et râpez la chair avec une râpe à gros trous. Pelez et émincez le gingembre en fines rondelles.

/ Mettez les pommes, le gingembre et le nouet de gaze dans une bassine à confiture. Versez 50 cl d'eau, portez à ébullition à feu vif puis laissez cuire doucement 30 minutes.

/ Ôtez le nouet de gaze, versez le sucre en remuant avec une cuillère en bois et portez de nouveau à ébullition. Laissez cuire à feu vif en remuant de temps en temps et en écumant en fin de cuisson. Une goutte de marmelade déposée sur une assiette froide ne doit pas s'étaler.

/ Versez la marmelade dans les pots en y répartissant les rondelles de gingembre, vissez les couvercles et retournez les récipients. Laissez refroidir leur contenu avant de remettre les pots sur leur base.

AUTOMNE

CONFITURE DE POIRES
aux fruits secs

Sachez qu'il est tout à fait normal de cueillir les poires très fermes puisqu'elles continuent à s'affiner à température ambiante. Attendez qu'elles soient fondantes à cœur pour les cuire ; vous obtiendrez ainsi une confiture bien parfumée.

PRÉPARATION
1 h

CUISSON
1 h 30

POUR ENVIRON
3 pots de 500 g

INGRÉDIENTS
100 g d'abricots secs
1 kg de poires d'hiver
750 g de sucre en morceaux
50 g d'écorces d'orange confites
50 g de gingembre confit
1 citron

/ Mettez les abricots secs à tremper dans un bol d'eau tiède 1 heure.

/ Épluchez les poires. Épépinez-les et coupez-les en quartiers. Arrosez-les du jus du citron. Mettez les peaux, les pépins et les queues des poires dans une casserole avec 40 cl d'eau. Faites bouillir 15 minutes sans couvrir, puis filtrez la préparation.

/ Versez cette eau dans une bassine à confiture. Ajoutez le sucre. Faites cuire au petit boulé jusqu'à ce que sirop atteigne une température comprise entre 109 et 116 °C. Si vous n'avez pas de thermomètre confiseur, versez une petite cuillerée de sirop dans un bol d'eau glacée. Vous devez sentir une boule malléable entre les doigts. Vérifiez la cuisson de la confiture : quelques gouttes versées sur une assiette froide doivent figer immédiatement.

/ Ajoutez alors les poires, les abricots égouttés, les écorces d'orange confites et le gingembre confit coupés en petits dés. Faites cuire pendant 50 minutes à 1 heure. Vérifiez la cuisson : quelques gouttes de confiture versées sur une assiette froide doivent figer immédiatement.

/ Mélangez la confiture, mettez en pots et couvrez aussitôt.

GELÉE DE POIRE ET DE POMME *au cidre*

Choisissez des fruits d'automne pour réaliser cette gelée : 'Conférence' ou 'Doyenné du Comice' pour les poires, reinettes pour les pommes. Associez-les à du cidre doux pour une gelée savoureuse, à déguster sur des crêpes chaudes enduites de beurre demi-sel.

PRÉPARATION
20 min

CUISSON
2 h environ

POUR ENVIRON
6 pots de 350 g

INGRÉDIENTS
1 kg de poires
1 kg de pommes
1,5 kg de sucre cristallisé
1 bouteille de cidre doux
2 citrons

Variante
Le cidre peut être remplacé par du jus de pomme dans cette recette.

/ Rincez les poires et les pommes. Coupez-les en morceaux sans les peler ni les épépiner. Mettez-les dans un faitout avec le jus des citrons et le cidre doux. Faites cuire 25 à 30 minutes, jusqu'à ce que les fruits soient tendres.

/ Filtrez à travers une passoire doublée d'une étamine mouillée (ou un tamis très fin) sans presser les fruits. Mesurez le jus obtenu.

/ Versez le jus dans une bassine à confiture. Ajoutez 750 g de sucre par litre de jus. Faites cuire à feu doux pendant 1 heure 30. Vérifiez la cuisson : quelques gouttes de gelée versées sur une assiette froide doivent figer aussitôt.

/ Répartissez la gelée dans les pots. Laissez refroidir jusqu'au lendemain, puis fermez les pots.

MARMELADE DE POIRES au caramel

Une délicieuse variante de la confiture de poires à l'alcool, le caramel ajoutant à la douceur des fruits une légère amertume bien agréable.

PRÉPARATION
20 min

CUISSON
35 min environ

POUR ENVIRON
4 pots de 375 g

INGRÉDIENTS
1,2 kg de poires mûres mais fermes
700 g de sucre semoule
1 citron
5 cl de cognac

Variante

Vous pouvez préparer la même recette avec des pommes et du calvados, en lieu et place des poires et du cognac.

/ Pelez les poires, coupez-les en quartiers, retirez le cœur et les pépins, puis détaillez chaque quartier en petits dés. Plongez ceux-ci au fur et à mesure dans de l'eau bouillante pour éviter qu'ils ne noircissent.

/ Versez 600 g de sucre et 10 cl d'eau dans une bassine à confiture. Portez à ébullition à feu vif, puis laissez cuire jusqu'à la consistance d'un sirop, en remuant de temps en temps.

/ Égouttez les poires, ajoutez-les dans la bassine et laissez cuire environ 20 minutes, en remuant de temps en temps et en écumant en fin de cuisson. La marmelade est prête lorsqu'une goutte de sirop déposée sur une assiette froide ne s'étale pas. Ajoutez alors le jus du citron, mélangez et laissez prendre encore quelques bouillons.

/ Versez le reste du sucre (100 g) et 5 cl d'eau dans une petite casserole et laissez cuire jusqu'à l'obtention d'un caramel blond. Ajoutez le caramel dans la bassine et poursuivez la cuisson pendant 2 minutes, en remuant constamment afin de bien répartir le caramel. Versez le cognac et mélangez de nouveau.

/ Versez la marmelade dans les pots, vissez les couvercles et retournez les récipients. Laissez refroidir avant de remettre les pots sur leur base.

MARMELADE DE POIRES ET CAROTTES

Pour cette recette, les carottes doivent être finement râpées.

PRÉPARATION
étalée sur 2 jours

MACÉRATION
12 h

CUISSON
20 min environ

POUR ENVIRON
4 pots de 375 g

INGRÉDIENTS
350 g de carottes nouvelles
1,5 kg de poires mûres
750 g de sucre semoule

Variante
Vous pouvez ajouter à la macération 50 g de raisins secs blonds.

Premier jour

/ Épluchez les carottes et râpez-les le plus finement possible. Pelez les poires, retirez le cœur et les pépins, puis coupez la chair en petits dés.

/ Mettez les poires et les carottes dans une bassine à confiture. Répartissez le sucre à la surface, couvrez la bassine d'un torchon et laissez macérer pendant 12 heures.

Deuxième jour

/ Versez 10 cl d'eau dans la bassine et portez à ébullition en remuant de temps en temps, jusqu'à ce que le sirop soit au grand perlé ; ce point de cuisson est atteint lorsqu'en soufflant au travers d'une écumoire préalablement trempée dans le sirop, on voit apparaître des bulles. Une goutte de marmelade déposée sur une assiette froide ne doit pas s'étaler. Écumez en fin de cuisson.

/ Versez la marmelade dans les pots, vissez les couvercles et retournez les récipients. Laissez refroidir avant de remettre les pots sur leur base.

MARMELADE DE POTIMARRON *à la vanille*

Proposez cette marmelade sur des pancakes ou des crêpes chaudes. Et ne vous laissez pas impressionner par le volume de potimarron car, au bout de deux heures de cuisson, l'ensemble a considérablement réduit.

PRÉPARATION
15 min

MACÉRATION
3 à 4 h

CUISSON
2 h

POUR ENVIRON
5 pots de 350 g

INGRÉDIENTS
2,5 kg de potimarron (pesé épluché et épépiné)
2,5 kg de sucre cristallisé
2 gousses de vanille

Variante
Vous pouvez réaliser la même recette avec du potiron, mais la saveur sera moins fine.

/ Épluchez le potimarron et ôtez les graines. Coupez la pulpe en morceaux. Pesez-la et comptez le même poids en sucre.

/ Mettez les morceaux de potimarron dans une terrine avec le sucre, en couches alternées. Ajoutez les gousses de vanille fendues en deux dans la longueur. Grattez l'intérieur avec la pointe d'un couteau afin de décoller les petites graines noires. Ce sont elles qui renferment le parfum. Terminez avec une couche de sucre. Laissez macérer pendant 3 ou 4 heures.

/ Versez le contenu de la terrine dans une bassine à confiture. Portez à ébullition à feu doux en mélangeant. Laissez cuire à frémissements pendant 2 heures, en mélangeant à plusieurs reprises. Vérifiez la cuisson : quelques gouttes de marmelade versées sur une assiette froide doivent figer immédiatement.

/ Mélangez la marmelade, mettez en pots et couvrez aussitôt.

AUTOMNE

CONFITURE DE POTIRON
aux abricots secs

Une recette de nos campagnes pour utiliser l'excédent d'un potiron joufflu.

PRÉPARATION
étalée sur 2 jours

MACÉRATION
12 h

CUISSON
15 à 20 min

POUR ENVIRON
4 pots de 375 g

INGRÉDIENTS
350 g d'abricots secs
1 kg de potiron
1 gousse de vanille
700 g de sucre semoule

Variante

Cinq minutes avant la fin de la cuisson, vous pouvez ajouter des cerneaux de noix ou des noix de cajou à cette confiture.

Premier jour

/ Mettez les abricots secs dans une jatte, couvrez-les d'eau bouillante et laissez-les macérer à couvert 12 heures, pour les réhydrater.

Deuxième jour

/ Retirez les filaments du potiron épluché et épépiné et coupez la pulpe en petits dés.

/ Égouttez les abricots en réservant 10 cl de l'eau de macération. Mettez-les dans une bassine à confiture et ajoutez les dés de potiron, la gousse de vanille fendue en deux dans la longueur, le sucre et l'eau réservée.

/ Portez le contenu de la bassine à ébullition et laissez cuire doucement pendant 15 à 20 minutes, en remuant de temps en temps et en écumant en fin de cuisson. Une goutte de confiture déposée sur une assiette froide ne doit pas s'étaler.

/ Retirez la gousse de vanille, versez la confiture dans les pots, vissez les couvercles et retournez les récipients. Laissez refroidir avant de remettre les pots sur leur base.

CONFITURE DE POTIRON
au citron et au rhum

Cette confiture délicatement relevée allie la douceur du potiron à la saveur des épices et au parfum du rhum.

PRÉPARATION
étalée sur 2 jours

MACÉRATION
12 h

CUISSON
30 min environ

POUR ENVIRON
4 pots de 375 g

INGRÉDIENTS
1 kg de potiron
3 citrons à peau fine non traités
2 bâtons de cannelle
1 gousse de vanille
750 g de sucre semoule
2 cuil. à soupe de rhum brun

Variante
L'armagnac peut remplacer le rhum.

Premier jour

/ Épluchez le potiron, retirez les graines et les filaments, puis détaillez la chair en petits dés. Lavez et essuyez les citrons, coupez-les en quatre, retirez les pépins et hachez finement la pulpe en conservant l'écorce.

/ Mettez le potiron et les citrons dans une bassine à confiture, ajoutez les bâtons de cannelle, la gousse de vanille fendue en deux dans la longueur, le sucre et 10 cl d'eau. Couvrez la bassine d'un torchon et laissez macérer pendant 12 heures.

Deuxième jour

/ Portez à ébullition à feu vif, puis laissez cuire doucement pendant 30 minutes environ, en remuant de temps en temps et en écumant en fin de cuisson. Une goutte de confiture déposée sur une assiette froide ne doit pas s'étaler. Hors du feu, versez alors le rhum et mélangez. Ôtez la vanille et la cannelle.

/ Versez la confiture dans les pots, vissez les couvercles et retournez les récipients. Laissez refroidir avant de remettre les pots sur leur base.

CONFITURE DE POTIRON
au vin blanc

Le potimarron et le potiron sont des courges bien adaptées à la confiture.
Évitez le vin blanc doux qui en affadirait le goût.

PRÉPARATION
étalée sur 2 jours

MACÉRATION
12 h

CUISSON
25 min environ

POUR ENVIRON
4 pots de 375 g

INGRÉDIENTS
1,3 kg de potiron
20 cl de vin blanc sec
1 kg de sucre semoule

Variante
Vous pouvez parfumer cette confiture avec une gousse de vanille ou un bâton de cannelle.

Premier jour

/ Épluchez le potiron, retirez les graines et les filaments, puis coupez la chair en dés. Mettez-les dés dans une bassine à confiture, puis versez le vin et le sucre. Couvrez d'un torchon et laissez macérer 12 heures.

Deuxième jour

/ Retirez les dés de potiron à l'aide d'une écumoire. Réservez. Portez le mélange de vin et de sucre à ébullition à feu vif, puis laissez cuire jusqu'à ce que le sirop ait la consistance du grand perlé ; ce point de cuisson est atteint lorsque, en soufflant au travers de l'écumoire préalablement plongée dans le sirop, on voit se former des bulles.

/ Ajoutez alors le potiron dans la bassine et laissez cuire 10 minutes environ après la reprise de l'ébullition, en remuant de temps en temps et en écumant en fin de cuisson. La confiture est prête lorsqu'une goutte déposée sur une assiette froide ne s'étale pas.

/ Versez la confiture dans les pots, vissez les couvercles et retournez les récipients. Laissez refroidir avant de remettre les pots sur leur base.

MARMELADE DE POTIRON
aux zestes de citron

Le potiron de la fête d'Halloween, très prisée des enfants, pourra ainsi finir en douceur.

PRÉPARATION
20 min

MACÉRATION
4 h

CUISSON
45 min

POUR ENVIRON
4 pots de 500 g

INGRÉDIENTS
1,5 kg de potiron
800 g environ de sucre semoule
6 citrons à peau fine non traités
5 cl de kirsch

Variante
Pour une saveur plus corsée, ajoutez à la macération un tronçon de gingembre frais râpé.

/ Épluchez le potiron, retirez les graines et les filaments, puis coupez la pulpe en petits dés. Plongez les dés de potiron dans une casserole d'eau en ébullition, laissez cuire pendant 10 minutes, puis égouttez.

/ Pesez la pulpe de potiron et mettez-la dans une bassine à confiture. Ajoutez du sucre dans une proportion de 800 g par kilo de potiron égoutté, couvrez d'un torchon et laissez macérer 4 heures.

/ Portez ensuite à ébullition à feu doux, puis cuisez 20 minutes, en remuant de temps en temps et en écumant en fin de cuisson.

/ Parallèlement, prélevez les zestes des citrons au couteau économe, en veillant à ne pas entamer la partie blanche de l'écorce, et détaillez-les en fines lanières ; plongez celles-ci dans de l'eau bouillante pendant 2 minutes, puis égouttez-les.

/ Ajoutez les zestes, mélangez et poursuivez la cuisson pendant 15 minutes environ, en remuant de temps en temps et en écumant en fin de cuisson. La marmelade est prête lorsqu'une goutte déposée sur une assiette froide ne s'étale pas. Incorporez le kirsch hors du feu.

/ Versez la marmelade dans les pots, vissez les couvercles et retournez les récipients. Laissez refroidir avant de remettre les pots sur leur base.

MARMELADE DE PRUNES
aux noisettes

Les Romains connaissaient 500 variétés de prunes.
Ils sont à l'origine des prunes de Damas séchées.

PRÉPARATION
20 min

CUISSON
20 min environ

POUR ENVIRON
4 pots de 375 g

INGRÉDIENTS
1,2 kg de prunes
1 pamplemousse rose
750 g de sucre semoule
100 g de noisettes effilées

Variante

À la saison des noix fraîches, utilisez-les à la place des noisettes, mais pensez à retirer la fine peau qui enveloppe les cerneaux.

/ Lavez les prunes, fendez-les en deux et dénoyautez-les. Pressez le pamplemousse.

/ Mettez les prunes, le jus du pamplemousse et le sucre dans une bassine à confiture. Portez à ébullition à feu vif, puis laissez cuire doucement pendant 15 minutes, en remuant de temps en temps et en écumant en fin de cuisson.

/ Incorporez les noisettes et poursuivez la cuisson 5 minutes environ ; une goutte de marmelade déposée sur une assiette froide ne doit pas s'étaler.

/ Versez la confiture dans les pots, vissez les couvercles et retournez les récipients. Laissez refroidir avant de remettre les pots sur leur base.

CONFITURE DE RAISIN

C'est François Ier qui fit planter les premières vignes à Fontainebleau, mais on cultivait déjà le raisin pour célébrer le culte des dieux égyptiens et grecs, autour de la Méditerranée.

PRÉPARATION
30 min

CUISSON
15 min

POUR ENVIRON
4 pots de 375 g

INGRÉDIENTS
1,4 kg de raisin muscat blanc
500 g de sucre semoule
1 citron

Variante
Vous pouvez remplacer l'eau par 15 cl de vin blanc pour préparer le sirop.

/ Rincez le raison et égrappez-le. Mettez les grains dans une bassine à confiture avec 10 cl d'eau. portez à ébullition à feu vif et laissez bouillir. Lorsque les pépins remontent à la surface, récupérez-les avec une écumoire et jetez-les, puis retirez les grains de raisin et réservez-les.

/ Versez le sucre et 15 cl d'eau dans la bassine et laissez bouillir à feu vif, jusqu'à ce que le sirop épaississe et qu'il se forme de grosses bulles à la surface. Écumez alors et ajoutez le jus du citron. Remettez les grains de raisin dans le sirop et laissez prendre quelques bouillons.

/ Répartissez les grains de raisin dans les pots à l'aide de l'écumoire, puis faites réduire le sirop à feu vif jusqu'à ce qu'il devienne épais. Écumez et finissez de remplir les pots.

/ Vissez les couvercles et retournez les récipients. Laissez refroidir avant de remettre les pots sur leur base.

AUTOMNE

CONFITURE DE RAISIN *aux noisettes*

Du raisin mûr à point est indispensable pour cette recette tout en douceur.

PRÉPARATION
30 min

CUISSON
20 min environ

MACÉRATION
12 h

POUR ENVIRON
4 pots de 375 g

INGRÉDIENTS
1 kg de raisin muscat noir, mûr mais aux grains fermes
800 g de sucre semoule
75 g de noisettes effilées

Variante
Cette confiture peut aussi se préparer avec du raisin blanc italien.

/ Lavez et égrappez le raisin. Épépinez les gros grains et écrasez les plus petits pour en récupérer le jus. Pesez les grains avec le jus.

/ Versez le sucre et 10 cl d'eau dans une bassine à confiture. Portez à ébullition à feu vif, puis laissez bouillir jusqu'à ce qu'il se forme de grosses bulles à la surface. Ajoutez les grains de raisin entiers au sirop, laissez prendre quelques bouillons, puis retirez la bassine du feu et laissez reposer pendant 12 heures.

/ Ce temps passé, retirez les grains à l'aide d'une écumoire et réservez-les. Ajoutez dans la bassine le jus des grains écrasés et laissez cuire à feu doux jusqu'à ce que le sirop nappe l'écumoire d'une pellicule brillante. Remettez les grains réservés dans la bassine et laissez prendre quelques bouillons. Écumez puis, hors du feu, ajoutez les noisettes et mélangez.

/ Laissez refroidir la confiture avant de remplir les pots, en répartissant autant que possible les grains de raisin et les noisettes dans les récipients. Vissez les couvercles.

GELÉE DE RAISIN
au vin blanc

Fine et dorée, cette gelée fera la joie des gourmets. Elle accompagne délicieusement une galette ou une brioche tiède au dessert, mais elle est aussi exquise présentée en nappage sur une tarte aux pommes ou aux noix.

PRÉPARATION
20 min

CUISSON
1h10 environ

POUR ENVIRON
4 pots de 350 g

INGRÉDIENTS
1 kg de raisin blanc mûr
500 g de pommes acides
1 citron non traité
1 kg de sucre cristallisé
20 cl de vin blanc sec
1 gousse de vanille

Conseil
Il est important d'ajouter les pépins et la peau des pommes, car ils contiennent de la pectine, indispensable à la prise en gelée.

/ Rincez et égrappez le raisin. Coupez directement les pommes en morceaux, sans les peler ni les épépiner. Émincez le citron.

/ Dans un faitout, portez le vin blanc à ébullition. Ajoutez les grains de raisin. Laissez cuire pendant 15 minutes en écrasant les fruits.

/ Ajoutez ensuite les pommes, le citron et la gousse de vanille fendue dans la longueur. Poursuivez la cuisson à feu doux pendant 20 à 25 minutes, jusqu'à ce que les fruits soient réduits en purée.

/ Filtrez le tout à travers une passoire fine (ou un tamis), sans presser les fruits. Mesurez le jus obtenu et comptez 1 kilo de sucre par litre de jus.

/ Réunissez sucre et jus dans une bassine à confiture. Portez à ébullition à feu doux, puis faites cuire à feu vif pendant 30 minutes environ. Vérifiez la cuisson : quelques gouttes de gelée versées sur une assiette froide doivent figer immédiatement.

/ Mettez en pots. Laissez refroidir jusqu'au lendemain, puis fermez les pots.

GELÉE DE RAISIN *aux zestes d'orange*

Préparée avec du raisin d'Italie, cette jolie gelée est finement pailletée de lanières de zestes d'orange.

PRÉPARATION
30 min

CUISSON
20 min environ

POUR ENVIRON
4 pots de 375 g

INGRÉDIENTS
les zestes de 2 oranges non traitées
1 kg de raisin blanc à gros grains
800 g environ de sucre semoule

Variante
Vous pouvez remplacer les zestes d'orange par ceux de 3 beaux citrons à peau fine.

/ Coupez le zeste des oranges en fines lanières. Plongez celles-ci 5 minutes dans de l'eau bouillante, puis égouttez-les.

/ Rincez et égrappez le raisin. Mettez les grains dans une casserole et versez 20 cl d'eau. Portez à ébullition à feu vif, puis laissez cuire doucement 5 minutes.

/ Passez les grains de raisin au moulin à légumes muni d'une grille fine, pour récupérer le jus. Filtrez ce dernier dans une jatte, au travers d'une passoire garnie d'une étamine.

/ Mesurez le jus de raisin, versez-le dans une bassine à confiture et ajoutez du sucre dans la proportion de 800 g par litre de jus. Portez à ébullition et laissez cuire 10 à 15 minutes, en écumant en fin de cuisson. La gelée est prête lorsqu'une goutte déposée sur une assiette froide ne s'étale pas.

/ Ajoutez alors les lanières de zestes d'orange et poursuivez la cuisson 2 ou 3 minutes.

/ Versez la gelée dans les pots ébouillantés et laissez refroidir sous un torchon avant de visser les couvercles.

HIVER

CONFITURE D'ANANAS

L'ananas ne contenant pas de pectine, l'ajout d'une bonne proportion de sucre pour confiture lui assure une consistance idéale. L'acidité du citron vert relève admirablement la douceur de ce fruit des îles.

PRÉPARATION
30 min

MACÉRATION
1 h

CUISSON
10 min

POUR ENVIRON
4 pots de 350 g

INGRÉDIENTS
1 kg de pulpe d'ananas
400 g de sucre gélifiant
400 g de sucre cristallisé
4 citrons verts

Conseil

Choisissez un sucre pour confiture à base d'extraits végétaux neutres en goût. Évitez les sucres gélifiants classiques à base de pectine et d'acide citrique, trop acides. Pour obtenir la bonne consistance, il suffit d'utiliser moitié sucre pour confiture, moitié sucre cristallisé.

/ Choisissez des ananas mûrs à point et bien sucrés. Épluchez-les. Coupez-les en quartiers. Éliminez la partie ligneuse au centre. Recoupez les quartiers en petits morceaux.

/ Mettez les morceaux d'ananas dans une jatte avec le sucre gélifiant, le sucre cristallisé et le jus de 3 citrons verts. Laissez macérer pendant 1 heure.

/ Versez le contenu de la jatte dans une bassine à confiture. Portez à ébullition à feu vif. Faites cuire pendant 8 à 10 minutes sans cesser de remuer. Vérifiez la cuisson : quelques gouttes de confiture versées sur une assiette froide doivent s'écouler lentement.

/ Écumez en fin de cuisson, puis incorporez le jus du dernier citron vert. Mélangez la confiture, mettez en pots et couvrez aussitôt.

MARMELADE D'ANANAS, POMME ET CITRON VERT

Pour que cette marmelade soit parfumée, préparez-la si possible avec un ananas acheminé mûr par avion.

PRÉPARATION
15 min

MACÉRATION
6 h

CUISSON
15 à 20 min

POUR ENVIRON
4 pots de 375 g

INGRÉDIENTS
1 ananas de 1,5 kg
1 pomme acide
1 citron vert
1 cuil. à café d'essence de vanille
700 g de sucre semoule

Variante
Vous pouvez remplacer le jus de citron vert par celui d'une demi-orange.

/ Épluchez l'ananas en retirant les « yeux ». Fendez-le en quartiers dans la hauteur, retirez la partie fibreuse du cœur et coupez la pulpe en petits dés. Pelez la pomme, coupez-la en quatre, retirez le cœur et les pépins, puis émincez la chair.

/ Mettez l'ananas et la pomme dans une bassine à confiture. Ajoutez le jus du citron vert et l'essence de vanille. Répartissez le sucre à la surface. Couvrez la bassine d'un torchon et laissez macérer pendant 6 heures.

/ Ce temps passé, portez le contenu de la bassine à ébullition à feu vif, puis laissez cuire doucement pendant 15 à 20 minutes, en remuant de temps en temps et en écumant en fin de cuisson. La marmelade est prête lorsqu'une goutte déposée sur une assiette froide ne s'étale pas.

/ Versez la marmelade dans les pots, vissez les couvercles et retournez les récipients. Laissez refroidir avant de remettre les pots sur leur base.

MARMELADE D'ANANAS *aux raisins blonds*

Des raisins secs doux et un ananas parfumé pour une marmelade à la saveur équilibrée.

PRÉPARATION
étalée sur 2 jours

MACÉRATION
12 h

CUISSON
15 min environ

POUR ENVIRON
4 pots de 375 g

INGRÉDIENTS
1 ananas de 1,5 kg
200 g de raisins secs blonds
1 citron vert
850 g de sucre semoule
10 cl de rhum blanc

Variante
Le Bayleys parfume aussi très agréablement cette marmelade. Il doit être ajouté en fin de cuisson.

Premier jour

/ Ôtez la base et le plumet de l'ananas et éliminez l'écorce et les « yeux ». Coupez le fruit en six dans le sens de la hauteur et retirez la partie fibreuse du cœur. Coupez la pulpe en petits morceaux.

/ Mettez l'ananas dans une bassine à confiture. Ajoutez les raisins secs, le jus du citron vert et 10 cl d'eau. Répartissez le sucre à la surface. Couvrez la bassine d'un torchon et laissez macérer pendant 12 heures.

Deuxième jour

/ Portez le contenu de la bassine à ébullition à feu vif, puis laissez cuire plus doucement pendant 15 minutes environ, en remuant de temps en temps et en écumant en fin de cuisson. Les fruits doivent devenir translucides et une goutte de marmelade déposée sur une assiette froide ne doit pas s'étaler. Versez alors le rhum et laissez prendre quelques bouillons en remuant.

/ Versez la marmelade dans les pots, vissez les couvercles et retournez les récipients. Laissez refroidir avant de remettre les pots sur leur base.

HIVER

CONFITURE DE BANANES *au chocolat*

Consistante et parfumée, cette confiture apporte une note originale sur la table du petit déjeuner. Elle est délicieuse aussi sur des crêpes chaudes, et vous l'adopterez pour sucrer les yaourts ou le fromage blanc, ou pour fourrer un biscuit roulé à la mode des îles, largement parsemé de noix de coco râpée.

PRÉPARATION
étalée sur 2 jours

MACÉRATION
12 h

CUISSON
15 min environ

POUR ENVIRON
4 pots de 350 g

INGRÉDIENTS
- 1 kg de bananes
- 800 g de sucre cristallisé
- 1 gousse de vanille
- 250 g de chocolat noir riche en cacao
- 1 citron

Variante

Si la confiture n'est pas destinée aux enfants, parfumez-la de 2 cuillerées à soupe de rhum en fin de cuisson.

Premier jour

/ Épluchez les bananes et coupez-les en rondelles. Arrosez aussitôt du jus du citron.

/ Mettez les rondelles de bananes citronnées dans un faitout. Ajoutez 20 cl d'eau, le sucre et la gousse de vanille fendue dans la longueur. Dès les premiers frémissements, retirez du feu. Ajoutez le chocolat et faites-le fondre en remuant sans cesse. Versez dans une terrine, couvrez et réservez 12 heures au frais.

Deuxième jour

/ Versez la préparation dans le faitout. Portez à ébullition à feu vif en remuant. Faites cuire à feu doux pendant 5 minutes, toujours en remuant. Retirez la gousse de vanille et écumez en fin de cuisson, puis mixez finement cette confiture.

/ Portez à nouveau à ébullition. Mélangez la confiture, mettez en pots et couvrez aussitôt.

MARMELADE DE BANANES
au citron vert et à l'orange

Une bonne confiture facile à préparer.

PRÉPARATION
20 min

MACÉRATION
6 h

CUISSON
25 min environ

POUR ENVIRON
4 pots de 375 g

INGRÉDIENTS
- 1 citron vert non traité
- 1 orange non traitée
- 1,5 kg de bananes
- 1 cuil. à café d'essence de vanille
- 700 g de sucre semoule

Variante
La banane à plantain se prête aussi fort bien à la préparation de cette savoureuse confiture.

/ Lavez et essuyez le citron vert et l'orange. Coupez-les en rondelles en conservant l'écorce et ôtez les pépins. Coupez les rondelles d'orange en quatre, celles de citron en deux, et recueillez le jus qui s'écoule des fruits. Épluchez les bananes, retirez les filaments et coupez la chair en rondelles.

/ Mettez tous les fruits, ainsi que le jus qu'ils ont rendu, dans une bassine à confiture. Ajoutez l'essence de vanille. Répartissez le sucre à la surface, couvrez la bassine d'un torchon et laissez macérer pendant 6 heures.

/ Ce temps passé, portez le contenu de la bassine à ébullition à feu doux, puis laissez cuire doucement pendant 25 minutes environ, en remuant de temps en temps et en écumant en fin de cuisson. La marmelade est prête lorsqu'elle est de couleur brun clair et qu'une goutte déposée sur une assiette froide ne s'étale pas.

/ Versez la marmelade dans les pots, vissez les couvercles et retournez les récipients. Laissez refroidir avant de remettre les pots sur leur base.

CONFITURE DE CAROTTES
aux zestes d'orange et aux pistaches

L'ancêtre de la carotte était de couleur mauve foncé, presque noir. La variété jaune est probablement apparue suite à une mutation. Ces deux variétés étaient utilisées par les Grecs et les Romains pour leurs propriétés médicinales. La carotte a acquis sa couleur orangée au milieu du XIXe siècle, grâce à l'intervention d'agronomes français.

PRÉPARATION
étalée sur 2 jours

MACÉRATION
12 h

CUISSON
20 min environ

POUR ENVIRON
4 pots de 375 g

INGRÉDIENTS
1 kg de carottes
4 oranges à peau fine non traitées
750 g de sucre semoule
50 g de pistaches non salées

Variante
Vous pouvez remplacer les oranges par un petit pamplemousse.

Premier jour

/ Épluchez les carottes, puis émincez-les en rondelles fines avec un robot. Lavez et essuyez les oranges, râpez finement le zeste et pressez le jus.

/ Déposez en couches successives dans une bassine à confiture les carottes, le sucre, le zeste et le jus des oranges. Couvrez la bassine d'un torchon et laissez macérer pendant 12 heures.

Deuxième jour

/ Portez à ébullition à feu vif et laissez cuire pendant environ 20 minutes, en remuant de temps en temps et en écumant en fin de cuisson. Une goutte de confiture déposée sur une assiette froide ne doit pas s'étaler. Ajoutez les pistaches décortiquées, remuez et laissez prendre quelques bouillons.

/ Versez la confiture dans les pots, vissez les couvercles et retournez les récipients. Laissez refroidir avant de remettre les pots sur leur base.

HIVER

MARMELADE DE CAROTTES à l'orange

Avec leur saveur naturellement sucrée, les carottes se transforment en une originale et délicieuse marmelade que vous apprécierez sur des muffins ou des toasts briochés légèrement grillés.

PRÉPARATION
30 min

MACÉRATION
6 h

CUISSON
1 h environ

POUR ENVIRON
4 pots de 350 g

INGRÉDIENTS
1 kg de carottes
3 oranges à peau fine
800 g de sucre cristallisé
1/2 citron

Variante
Vous pouvez ajouter les pépins des oranges et du citron enfermés dans un nouet de mousseline. Riches en pectine, ils donneront une marmelade plus ferme.

/ Épluchez les carottes. Rincez-les et râpez-les avec une grille fine. Pesez-les et comptez le même poids en sucre. Prélevez le zeste d'une orange. Émincez-le finement et mélangez-le aux carottes.

/ Dans une terrine, mettez les carottes et le sucre, en couches alternées. Arrosez du jus des 3 oranges et du demi-citron. Laissez macérer pendant 6 heures.

/ Versez le contenu de la terrine dans une bassine à confiture. Portez à ébullition à feu doux en remuant sans cesse. Faites cuire environ 1 heure, en mélangeant à plusieurs reprises. Vérifiez la cuisson : quelques gouttes de marmelade versées sur une assiette froide doivent figer immédiatement.

/ Mélangez une dernière fois la marmelade, mettez en pots et couvrez aussitôt.

HIVER

LEMON CURD

Cette spécialité anglaise, à la fois acidulée et très sucrée, s'utilise comme une confiture pour tartiner des crêpes chaudes ou fourrer un gâteau. Mais elle ne se conserve pas plus de 15 jours au réfrigérateur car elle contient des œufs.

PRÉPARATION
20 min

CUISSON
25 min

POUR ENVIRON
1 pot de 350 g

INGRÉDIENTS
3 citrons
3 œufs
250 g de sucre cristallisé
50 g de beurre

Conseil

Pour la cuisson, utilisez une casserole inoxydable à fond épais. Maintenez le feu très doux. Évitez un coup de chaud en retirant régulièrement la casserole de la source de chaleur.

/ Râpez finement les zestes de 2 citrons. Mettez-les dans une passoire fine et plongez celle-ci 2 minutes dans une casserole d'eau bouillante. Rafraîchissez et égouttez.

/ Pressez les 3 citrons. Versez le jus dans une casserole. Ajoutez les zestes, le sucre et le beurre. Faites cuire à feu doux en remuant jusqu'à ce que le sucre soit bien fondu.

/ Dans un bol, battez les œufs à la fourchette. Versez-les lentement dans la casserole sans cesser de tourner avec une cuillère en bois. Poursuivez la cuisson pendant 20 minutes environ, toujours sur feu très doux, jusqu'à ce que la préparation épaississe et sans jamais laisser bouillir.

/ Dès que la préparation nappe la cuillère en bois, mettez en pot et fermez aussitôt. Après refroidissement, conservez le pot dans la porte du réfrigérateur et consommez dans les 2 semaines.

HIVER

CONFITURE DE CLÉMENTINES

Réalisez cette confiture au mois de décembre avec des clémentines corses, les seules présentées avec leurs feuilles et non traitées après récolte. Vous la servirez au petit déjeuner de Noël ou l'offrirez à cette même période à vos amis les plus gourmands.

PRÉPARATION
30 min

CUISSON
50 min

POUR ENVIRON
4 pots de 350 g

INGRÉDIENTS
1 kg de clémentines non traitées
850 g environ de sucre en morceaux

Variante

Pour obtenir une saveur épicée, vous pouvez ajouter une gousse de vanille fendue dans la longueur en début de cuisson. Retirez-la juste avant la mise en pots.

/ Rincez les clémentines et épluchez-les. Faites cuire les écorces 5 minutes à l'eau bouillante. Rafraîchissez et égouttez. Coupez les écorces en fins bâtonnets avec des ciseaux.

/ Éliminez les petites peaux blanches sur les clémentines. Séparez-les en quartiers. Ôtez les pépins et réunissez-les dans un nouet de mousseline.

/ Pesez les quartiers de clémentines. Comptez le même poids en sucre.

/ Mettez le sucre dans une bassine à confiture avec 20 cl d'eau. Portez à ébullition. Ajoutez alors les écorces, les quartiers et les pépins de clémentines.

/ Faites cuire pendant 45 minutes environ, en mélangeant souvent. Vérifiez la cuisson : quelques gouttes de confiture versées sur une assiette froide doivent figer presque immédiatement.

/ Retirez le nouet contenant les pépins. Mélangez la confiture, puis mettez-la en pots. Laissez complètement refroidir, puis couvrez les pots.

HIVER

GELÉE DE GRENADE
aux zestes d'orange

Le nom de grenade est un dérivé du latin granatum qui veut dire « fruit à grains ».

PRÉPARATION
30 min

REPOS
1 h

CUISSON
20 à 25 min

POUR ENVIRON
4 pots de 375 g

INGRÉDIENTS
1,5 kg de grenades
le zeste de 2 oranges non traitées
900 g environ de sucre semoule
1 citron

Conseil
Prélevez les grains en veillant à ne pas entamer l'écorce très amère des grenades, qui pourrait altérer le goût de la gelée.

/ Fendez les grenades en deux et récupérez les graines à l'aide d'une petite cuillère. Détaillez les zestes d'orange en fines lanières.

/ Pesez les grains de grenade et mettez-les dans une casserole avec le même poids d'eau. Portez à ébullition à feu vif, puis laissez bouillir doucement pendant 10 minutes.

/ Versez les grains de grenade et l'eau dans une passoire garnie d'une étamine posée au-dessus d'un récipient, et laissez le jus s'écouler sans presser les grains. Cette opération nécessite 1 heure.

/ Pesez le jus de grenade obtenu. Versez-le dans une bassine à confiture avec le même poids de sucre. Ajoutez le jus du citron et les lanières de zestes d'orange.

/ Portez le contenu de la bassine à ébullition à feu vif, puis laissez bouillir 10 à 15 minutes, en remuant de temps en temps et en écumant en fin de cuisson. La gelée est prête lorsqu'une goutte déposée sur une assiette froide ne s'étale pas.

/ Versez la gelée dans les pots, vissez les couvercles et retournez les récipients. Laissez refroidir leur contenu avant de remettre les pots sur leur base.

CONFITURE DE KIWIS
au citron vert

À partir de la fin novembre, place au kiwi français, la France étant le troisième producteur européen de ce fruit qui n'a d'exotique aujourd'hui que son nom. Comme pour l'ananas, l'apport de jus de citron est indispensable pour pallier le manque de pectine et d'acidité.

PRÉPARATION
20 min

CUISSON
8 à 10 min

POUR ENVIRON
4 pots de 350 g

INGRÉDIENTS
1 kg de kiwis (épluchés)
4 citrons verts
400 g de sucre gélifiant
400 g de sucre cristallisé

Conseil
Évitez l'emploi du mixeur pour réduire la chair des kiwis en purée, car les petites graines noires écrasées pourraient donner de l'amertume à la confiture.

/ Coupez les kiwis épluchés en morceaux. Passez-les à travers un tamis fin ou au moulin à légumes, grille fine.

/ Versez la purée obtenue dans une bassine à confiture. Ajoutez le jus de 3 citrons verts, le sucre gélifiant et le sucre cristallisé. Portez à ébullition en mélangeant. Faites cuire à feu vif pendant 8 à 10 minutes en remuant souvent. Vérifiez la cuisson : quelques gouttes de confiture versées sur une assiette froide doivent s'écouler très lentement.

/ Ajoutez le jus du dernier citron vert. Écumez en fin de cuisson et mélangez une dernière fois la confiture. Mettez en pots et couvrez aussitôt.

MARMELADE DE KIWIS ET ANANAS

Une marmelade veloutée où se marient le parfum de l'ananas et l'acidité du kiwi. Deux fruits exotiques présents toute l'année sur nos marchés, heureusement associés dans une savoureuse confiture.

PRÉPARATION
étalée sur 2 jours

MACÉRATION
12 h

CUISSON
15 à 20 min

POUR ENVIRON
4 pots de 500 g

INGRÉDIENTS
1 ananas de 1,5 kg
5 kiwis mûrs mais fermes
1 kg de sucre semoule
1 citron

Conseil

Si vos kiwis sont trop fermes, placez-les avec une pomme dans un sac en plastique : l'éthylène dégagé par la pomme va activer le mûrissement des kiwis.

Premier jour

/ Pelez les kiwis, puis coupez-les en rondelles. Épluchez l'ananas et retirez les « yeux ». Fendez-le en quatre dans la hauteur et ôtez la partie fibreuse du cœur. Coupez la pulpe en dés en récupérant le jus qui s'écoule.

/ Passez l'ananas et les kiwis au moulin à légumes au-dessus d'une bassine à confiture, puis répartissez le sucre à la surface. Couvrez la bassine d'un torchon et laissez macérer pendant 12 heures.

Deuxième jour

/ Ajoutez le jus du citron dans la bassine. Portez à ébullition à feu moyen en remuant, puis faites cuire 15 à 20 minutes en remuant de temps en temps et en écumant en fin de cuisson. La marmelade est prête lorsqu'une goutte déposée sur une assiette froide ne s'étale pas.

/ Versez la marmelade dans les pots, vissez les couvercles et retournez les récipients. Laissez refroidir avant de remettre les pots sur leur base.

CONFITURE DE LAIT

En Amérique du Sud, cette confiture fait le régal des enfants sous le nom de dulce de leche. Elle est délicieuse servie sur des crêpes ou des gaufres toutes chaudes.

PRÉPARATION
10 min

CUISSON
2 h

POUR ENVIRON
1 pot de 250 g

INGRÉDIENTS
1 litre de lait entier
500 g de sucre en poudre
1 gousse de vanille

Variante

Vous pouvez aussi utiliser une boîte de lait concentré sucré. Ouvrez la boîte et placez-la dans un bain-marie frémissant en veillant à ce que la boîte soit toujours immergée aux trois quarts. Laissez cuire 1 heure 45 à 2 heures. Au terme de la cuisson, le lait concentré a une texture de miel. Mettez en pot et couvrez aussitôt.

/ Versez le lait dans un grand faitout. Ajoutez le sucre et la gousse de vanille fendue dans la longueur. Portez à ébullition à feu très doux en remuant. Faites cuire à frémissements pendant 2 heures en remuant de temps en temps.

/ En fin de cuisson, mélangez sans cesse jusqu'à ce que la préparation épaississe et que sa couleur devienne caramel clair. Retirez la gousse de vanille. Mélangez la confiture, mettez en pots et couvrez aussitôt.

/ Laissez reposer 48 heures au frais avant de servir. Conservez dans la porte du réfrigérateur et consommez dans les 3 semaines qui suivent sa fabrication.

CONFITURE DE MARRONS
à la vanille

Pour distinguer les marrons des châtaignes, comptez le nombre de fruits contenus dans une bogue : il n'y a qu'un seul fruit par bogue pour les marrons, deux pour les châtaignes. Leur saveur est identique ; vous pouvez donc utiliser indifféremment le marron ou la châtaigne pour cette confiture de plein hiver à réaliser et à déguster en période de frimas.

PRÉPARATION
30 min

CUISSON
1 h 10

POUR ENVIRON
4 pots de 350 g

INGRÉDIENTS
- 1,5 kg de marrons ou de châtaignes des bois
- 1 kg de sucre en morceaux
- 2 gousses de vanille

Conseil

Pour un gain de temps, utilisez des marrons surgelés que vous ferez cuire une vingtaine de minutes seulement à l'eau bouillante.

/ Incisez les marrons en soulevant une languette de peau. Faites-les cuire 5 minutes à l'eau bouillante. Laissez tiédir 10 minutes, puis épluchez les marrons encore chauds en retirant les deux peaux.

/ Mettez les marrons épluchés dans un faitout. Couvrez d'eau froide. Faites cuire les marrons 35 à 40 minutes, jusqu'à ce qu'ils s'écrasent facilement.

/ Égouttez les marrons, puis passez-les deux fois au moulin à légumes, d'abord avec une grille moyenne, puis avec une grille fine. Pesez la purée obtenue. Comptez le même poids en sucre.

/ Mettez le sucre et 20 cl d'eau dans une bassine à confiture. Portez à ébullition. Laissez bouillir 3 minutes, puis ajoutez la purée de marrons et les gousses de vanille fendues dans la longueur. Mélangez bien. Faites cuire à feu doux pendant 20 minutes en remuant souvent. Vérifiez la cuisson : quelques gouttes de confiture versées sur une assiette froide doivent s'écouler lentement.

/ Retirez les gousses de vanille. Mélangez la confiture et mettez en pots. Laissez complètement refroidir, puis fermez les pots selon la méthode choisie. Conservez dans un endroit frais.

CONFITURE D'OIGNONS

La saveur aigre-douce de cette confiture d'oignons s'accorde à merveille avec les viandes froides, le porc sous toutes ses formes, le magret de canard et le pot-au-feu, sans oublier le gibier.

PRÉPARATION
20 min

CUISSON
1 h 20

POUR ENVIRON
3 pots de 350 g

INGRÉDIENTS
1 kg d'oignons
100 g de beurre
200 g de sucre cristallisé
25 cl de vin rouge corsé
10 cl de vinaigre de vin
5 cl de crème de cassis
sel, poivre

Conseil
Cette confiture contient du beurre ; il faut donc la conserver dans la porte du réfrigérateur et la consommer dans les 3 semaines qui suivent sa fabrication.

/ Pelez et émincez finement les oignons.

/ Dans une casserole, faites fondre le beurre à feu doux. Ajoutez les oignons et faites-les revenir à feu doux pendant 10 minutes. Salez, poivrez et ajoutez le sucre. Poursuivez la cuisson à couvert à feu très doux pendant 30 minutes, en mélangeant souvent afin que les oignons n'attachent pas au fond de la casserole.

/ Versez le vin rouge et le vinaigre dans la casserole. Laissez cuire pendant encore 35 à 40 minutes, sans couvrir, jusqu'à la réduction complète du liquide. En fin de cuisson, parfumez de crème de cassis.

/ Mélangez la confiture une dernière fois, mettez en pots et couvrez aussitôt.

HIVER

CONFITURE D'ORANGES ET ANANAS

L'ananas fut rapporté en Europe par Christophe Colomb, qui le découvrit en Guadeloupe.

PRÉPARATION
20 min

MACÉRATION
2 h

CUISSON
10 à 15 min

POUR ENVIRON
4 pots de 375 g

INGRÉDIENTS
500 g d'oranges non traitées
1 ananas de 1,4 kg
850 g de sucre semoule
10 cl de rhum blanc

Conseil
Préférez le sucre de canne pour cette recette.

/ Plongez les oranges 2 minutes dans de l'eau bouillante. Égouttez-les, coupez-les en rondelles et ôtez les pépins. Détaillez ensuite la chair en petits dés en conservant l'écorce.

/ Épluchez l'ananas, coupez-le en quartiers et retirez la partie fibreuse du centre. Coupez la pulpe en petits dés.

/ Mettez les fruits dans une bassine à confiture et répartissez le sucre à la surface. Couvrez la bassine d'un torchon et laissez macérer pendant 2 heures.

/ Ce temps passé, portez le contenu de la bassine à ébullition à feu vif, puis laissez cuire pendant 10 à 15 minutes, en remuant de temps en temps et en écumant en fin de cuisson. Le mélange doit épaissir et les fruits devenir translucides. La confiture est prête lorsqu'une goutte déposée sur une assiette froide ne s'étale pas. Incorporez alors le rhum.

/ Versez la confiture dans les pots, vissez les couvercles et retournez les récipients. Laissez refroidir avant de remettre les pots sur leur base.

CONFITURE D'ORANGES à l'eau de fleur d'oranger

C'est le bigaradier qui produit les fleurs d'oranger mises à macérer, puis distillées pour donner l'eau de fleur d'oranger si parfumée.

PRÉPARATION
20 min

TREMPAGE
2 h

CUISSON
40 min

POUR ENVIRON
4 pots de 375 g

INGRÉDIENTS
1,2 kg de petites oranges non traitées
850 g de sucre semoule
5 cl d'eau de fleur d'oranger

Conseil
Les oranges sont cuites à point dans l'eau lorsque la tête d'une épingle peut facilement transpercer l'écorce.

/ Mettez les oranges dans une bassine à confiture et couvrez-les d'eau froide. Portez à ébullition et laissez bouillir pendant 20 minutes. Plongez ensuite les fruits dans un récipient d'eau froide et laissez-les tremper 2 heures, en renouvelant l'eau deux ou trois fois. Égouttez les oranges et coupez-les en fines rondelles, en récupérant le jus qui s'écoule.

/ Mettez dans la bassine le sucre et 10 cl d'eau. Portez à ébullition et laissez prendre quelques bouillons. Ajoutez les rondelles d'oranges et le jus. Laissez cuire pendant 20 minutes environ, en remuant de temps en temps et en écumant en fin de cuisson. Une écumoire plongée dans le sirop doit en ressortir nappée d'une pellicule lisse et brillante. Ajoutez alors l'eau de fleur d'oranger, mélangez et retirez la bassine du feu.

/ Versez la confiture dans les pots, vissez les couvercles et retournez les récipients. Laissez refroidir avant de remettre les pots sur leur base.

CONFITURE D'ORANGES, CAROTTES ET PAMPLEMOUSSES

À préparer en toute saison avec des fruits et un légume disponibles toute l'année.

PRÉPARATION
25 min

MACÉRATION
6 h

CUISSON
20 min environ

POUR ENVIRON
4 pots de 375 g

INGRÉDIENTS
- 1 pamplemousse non traité
- 2 oranges à peau fine non traitées
- 1 kg de carottes
- 750 g de sucre semoule
- 75 g de pistaches non salées

Variante

Le pamplemousse peut être remplacé par 2 ou 3 citrons.

/ Plongez le pamplemousse et les oranges 2 minutes dans de l'eau bouillante. Rafraîchissez-les sous l'eau froide et égouttez-les. Coupez ces fruits en rondelles en conservant l'écorce, épépinez-les, puis détaillez chaque rondelle en plusieurs morceaux. Mettez les agrumes, ainsi que le jus qu'ils ont rendu, dans une bassine à confiture.

/ Épluchez les carottes et émincez-les en fines rondelles au robot. Ajoutez-les dans la bassine. Répartissez le sucre à la surface, couvrez la bassine d'un torchon et laissez macérer pendant 6 heures.

/ Ce temps passé, portez le contenu de la bassine à ébullition à feu vif, puis laissez cuire doucement pendant 20 minutes environ, en remuant de temps en temps et en écumant en fin de cuisson. La confiture est prête lorsqu'une goutte déposée sur une assiette froide ne s'étale pas. Incorporez alors les pistaches décortiquées et laissez prendre encore quelques bouillons.

/ Versez la confiture dans les pots, vissez les couvercles et retournez les récipients. Laissez refroidir avant de remettre les pots sur leur base.

HIVER

GELÉE D'ORANGE DE KEREMMA

Avec seulement deux oranges et un citron, à choisir non traités, vous réaliserez quatre pots d'une délicate gelée translucide et bien parfumée. Cette recette de famille (Keremma se situe en Bretagne) a fait ses preuves et étonnera plus d'un gourmand.

PRÉPARATION
étalée sur 3 jours

MACÉRATION
12 h + 12 h

CUISSON
1 h 10 environ

POUR ENVIRON
4 pots de 350 g

INGRÉDIENTS
2 oranges à peau fine non traitées
1 citron non traité
1 kg de sucre cristallisé

Conseil
La qualité de l'eau a aussi son importance. Si celle du robinet a un goût de chlore, utilisez de l'eau en bouteille, en la choisissant faiblement minéralisée.

Premier jour

/ Rincez les oranges et le citron en les brossant. Coupez-les en deux, puis émincez-les en lamelles les plus fines possible. Mettez les lamelles d'orange et de citron dans une terrine. Arrosez d'un litre d'eau. Couvrez et laissez macérer pendant 12 heures.

Deuxième jour

/ Versez le contenu de la terrine dans une bassine à confiture. Portez à ébullition. Faites cuire à feu moyen pendant 40 minutes. Réservez à nouveau dans la terrine.

Troisième jour

/ Reversez la préparation dans la bassine à confiture. Ajoutez le sucre. Portez à ébullition à feu doux en mélangeant. Faites cuire pendant 25 à 30 minutes. Vérifiez la cuisson : quelques gouttes de gelée versées sur une assiette froide doivent figer presque immédiatement.

/ Versez la gelée dans les pots. Attendez le lendemain pour fermer les pots.

HIVER

MARMELADE D'ORANGES

Préparez cette marmelade avec des oranges amères bigarades, plus souvent présentes dans le Midi. Sachez que la marmelade sera légèrement amère, même si vous utilisez des oranges douces, présentes sur les étals.

PRÉPARATION
étalée sur 3 jours

MACÉRATION
12 h + 12 h

CUISSON
2 h

INGRÉDIENTS
1,2 kg d'oranges non traitées
1 citron non traité
2,5 kg de sucre cristallisé

Conseil
Il est très important de transvaser les ingrédients de cette marmelade dans une terrine afin qu'ils ne séjournent pas dans la bassine à confiture (surtout si celle-ci n'est pas inoxydable), à cause de l'acidité des agrumes.

Premier jour
/ Rincez les oranges et le citron en les brossant. Pressez-les. Récupérez les pépins et enfermez-les dans un nouet de mousseline.

/ Hachez grossièrement les écorces d'orange et de citron en les passant au robot-mixeur. Mettez-les dans une terrine. Ajoutez le jus, le nouet contenant les pépins et 1,5 litre d'eau froide. Couvrez et laissez macérer pendant 12 heures.

Deuxième jour
/ Versez le contenu de la terrine dans une bassine à confiture. Portez à ébullition. Faites cuire 1 heure à petits bouillons, en mélangeant de temps en temps. Réservez à nouveau dans la terrine.

Troisième jour
/ Reversez le contenu de la terrine dans la bassine à confiture. Ajoutez le sucre et laissez-le se dissoudre à froid pendant 2 à 4 heures. Portez à ébullition. Laissez cuire à feu doux pendant 1 heure. Vérifiez la cuisson : quelques gouttes de marmelade versées sur une assiette froide doivent figer presque immédiatement.

/ Retirez le nouet contenant les pépins. Mélangez la marmelade et versez-la dans les pots. Laissez refroidir, puis fermez les pots.

HIVER

CONFITURE TRIPLE AGRUMES

Cette confiture associe trois saveurs bien distinctes – l'amertume du pomelo se marie à merveille avec l'acidité du citron et la note pointue des oranges – ,auxquelles s'ajoute la douceur du sucre. Même si la cuisson est un peu longue, la réalisation de la confiture ne présente aucune difficulté.

PRÉPARATION
20 min

CUISSON
1 h 20 environ

POUR ENVIRON
4 pots de 350 g

INGRÉDIENTS
1 pomelo
1 citron
2 oranges
1 kg de sucre cristallisé

Conseil
Choisissez des agrumes non traités après récolte pour réaliser cette confiture.

/ Rincez les agrumes en les brossant sous l'eau chaude. Coupez-les en morceaux. Mettez les pépins de côté, puis passez les agrumes au robot-mixeur.

/ Mettez les fruits hachés avec leur jus dans une bassine à confiture. Ajoutez 1 litre d'eau et les pépins enfermés dans un nouet de mousseline. Faites cuire pendant 20 minutes.

/ Ajoutez alors le sucre. Poursuivez la cuisson à feu doux pendant environ 1 heure en mélangeant souvent. Vérifiez la cuisson : quelques gouttes de confiture versées sur une assiette froide doivent figer presque immédiatement.

/ Écumez en fin de cuisson. Retirez le nouet contenant les pépins. Mélangez la confiture, puis versez-la dans les pots. Laissez complètement refroidir, puis fermez les pots.

HIVER

MARMELADE DE PAPAYES
aux épices

En provenance du Brésil, de Côte d'Ivoire ou d'Espagne, les papayes apportent un peu de soleil en plein cœur de l'hiver. Choisissez-les bien mûres avec une chair d'un rouge orangé flamboyant. Sachez que cette marmelade reste assez liquide comme la plupart des confitures à base de fruits exotiques.

PRÉPARATION
20 min

MACÉRATION
3 h

CUISSON
1 h

POUR ENVIRON
4 pots de 350 g

INGRÉDIENTS
- 1 kg de papayes
- 1 kg de sucre cristallisé
- 2 citrons verts
- 1 gousse de vanille
- 1 cuil. à soupe de gingembre frais râpé
- 2 clous de girofle
- 1 pincée de noix muscade

/ Coupez les papayes épluchées et épépinées en morceaux. Mettez-les dans une terrine avec le sucre, en couches alternées. Ajoutez le jus des citrons verts, la gousse de vanille fendue dans la longueur, la muscade, le gingembre et les clous de girofle. Laissez macérer pendant 3 heures.

/ Versez le contenu de la terrine dans une bassine à confiture. Portez à ébullition à feu doux en mélangeant. Faites cuire à feu doux pendant 1 heure en remuant souvent. En fin de cuisson, vous devez apercevoir le fond de la bassine entre deux coups de cuillère.

/ Retirez les épices. Mélangez la marmelade, mettez en pots et couvrez aussitôt.

Conseil

Pour retirer facilement les épices (clous de girofle et gingembre), enfermez-les dans un nouet de mousseline ou dans une boule à thé.

MÉLI-MÉLO DE FRUITS EXOTIQUES

PRÉPARATION
30 min

MACÉRATION
6 h

CUISSON
25 min environ

POUR ENVIRON
4 pots de 500 g

INGRÉDIENTS
1 petit ananas
1 mangue
4 kiwis
10 litchis
1 citron vert
5 fruits de la passion
1 orange
2 bananes
1,2 kg de sucre de canne
10 cl de rhum

Conseil
La peau d'un fruit de la passion doit être plissée ; si elle est encore lisse, il n'est pas mûr.

/ Épluchez l'ananas en retirant les « yeux ». Fendez-le en quartiers dans la hauteur, retirez la partie fibreuse du cœur et coupez la pulpe en dés. Pelez et dénoyautez la mangue, puis détaillez-la en dés. Pelez les kiwis et émincez-les en rondelles. Mettez ces fruits dans une bassine à confiture.

/ Pelez et dénoyautez les litchis et arrosez-les du jus de citron vert, puis ajoutez-les dans la bassine. Ouvrez les fruits de la passion en deux, prélevez la pulpe avec une petite cuillère et ajoutez-la aux autres fruits.

/ Pelez l'orange, séparez les quartiers, retirez la peau qui les enveloppe et épépinez-les. Épluchez les bananes, retirez les filaments et coupez la chair en rondelles. Ajoutez ces fruits dans la bassine. Répartissez le sucre à la surface, couvrez le récipient d'un torchon et laissez macérer pendant 6 heures.

/ Ce temps passé, portez le contenu de la bassine à ébullition à feu vif, puis laissez cuire doucement 25 minutes environ, en remuant de temps en temps et en écumant en fin de cuisson. La confiture est prête lorsqu'une goutte déposée sur une assiette froide ne s'étale pas. Versez alors le rhum et laissez prendre quelques bouillons en remuant.

/ Versez la confiture dans les pots, vissez les couvercles et retournez les récipients. Laissez refroidir avant de remettre les pots sur leur base.

INDEX

Texte :
Aglaé Blin (Recettes pages 22, 23, 25, 26, 28, 30, 32, 36, 37, 40, 43, 47, 48, 50, 52, 55, 56, 57, 66, 75, 76, 77, 79, 80, 81, 82, 84, 85, 87, 92, 93, 98, 100, 103, 108, 109, 113, 124, 128, 132, 136, 137, 139, 141, 144, 145, 147, 152, 153, 155, 156)
et Minouche Pastier (Recettes pages 27, 31, 39, 41, 44, 45, 49, 53, 59, 60, 61, 63, 64, 65, 68, 69, 71, 72, 73, 88, 89, 95, 96, 97, 101, 104, 105, 106, 110, 112, 115, 116, 117, 119, 120, 121, 123, 125, 129, 131, 133, 135, 140, 142, 148, 149, 151, 157).

Stylisme et photographies de Soizic Chomel de Varagnes et Nicolas Labbestael
Sauf :
Kharbine-Tapabor : Florilegius : p. 107 ; Jonas : p. 154 ; Migny : p. 70 ; Jean Vigne : p. 114.
Leemage : De Agostini : p. 94 ; Florilegius : pp. 24, 42, 51, 62, 86, 122, 138, 146.

Direction éditoriale : Élisabeth Pegeon
Suivi éditorial : Julie Parpaillon
Direction artistique : Mathieu Tougne
Création graphique et réalisation : Amélie Garcin
Direction de fabrication : Thierry Dubus
Suivi de fabrication : Marie Guibert
Relecture : Hélène Fitamant Gaudin
Photogravure : SNO

Achevé d'imprimer en juin 2016 par Graficas Estella (Espagne)

PULVÉRISÉ
Poulain
CHOCOLAT
EN
POUDRE SOLUBILISÉ
LE MEILLEUR
DES
CHOCOLATS INSTANTANÉS